みんなのミュージアム

人が集まる博物館・図書館を
まちなかにたくさんつくろう

塚原正彦

みんなのミュージアム　目次

みんなのミュージアム先進事例

はじめに

■

未来への扉を開くミュージアム

■

みんなの宝物を集め
みんなのために記録する
みんなの夢を育む魔法の扉

未来への扉を開くミュージアム

夢なき者は理想なし　理想なき者は信念なし
信念なき者は計画なし　計画なき者は実行なし
実行なき者は成果なし　成果なき者は幸福なし
幸福を求める者は夢なかるべからず

「夢七訓」といわれるこのことばは、生涯に約五〇〇の企業の育成にかかわり、同時に約六〇〇の社会公共事業や民間外交にも尽力した渋澤栄一が座右の名にしたことばです。渋澤栄一が「夢七訓を心に刻みこんで時代を駆け抜けたように、私たちにとってあしたをつくるために最も大切なこと、それは夢を持つことです。

なぜなら、夢があるからこそ、夢を実現するためにおカネを貯蓄してみようという気持ちが生まれるからです。夢は私たちに、おカネを意味のある活動に使うように促してくれます。だから、夢がなければ、いくらおカネをたくさん持っていたとしても、それは紙くずになってしまいます。

夢を持つことが、私たちを幸せにします。夢は、私たちを昨日と違う自分に出あわせてくれます。困難に挑戦してみようという勇気を奮い立たせてくれます。そして、それは新しい科学を拓くチカラを呼び起こしてくれます。

そんな大切な夢の存在が、いま日本社会では、すっかり忘れられようとしています。近年、メディアでも「ゆとり世代」や「さとり世代」ということば指摘されるようになりました。目の前にある壁を克服したり、乗り超えたりするような冒険を退け、与えられたレールの上で、精一杯生きることだけで満足してしまう。そういう若者が増大しています。

夢を持たない、夢とかかわらない彼らは、未来のために投資するという行動を避けてしまいます。そういう人々が多数を形成すると経済は停滞し、社会は動かなくなってしまいます。少子高齢化、人口減少という未来の悲観的な社会指標に、夢を失った若者の出現という要素がからみあって、日本は深刻な未来危機に直面しています。

いま日本が直面している危機を回避するためには、未来をもっと楽しく、身近な存在にする必要があります。すなわち、一人ひとりが、渋澤栄一が座右の銘にした「夢七訓」にあるような生き方を志し、あしたに夢を持ち、自らのあしたをデザインするプロジェクトに挑戦しようという意欲を持つようにするよう働きかける必要があります。

そのためには、一人ひとりが夢と出あい、生きるチカラを学び、さらには夢をみがきあげることができる場が求められます。それを実現するための社会装置を私は、本書でミュージアムと定義します。

夢と未来とミュージアムを縁結びした私のミュージアムの定義にふれ

ると多くの人は、びっくりします。私がいうミュージアムが、多くの日本人がイメージしている博物館や美術館、資料館、そして図書館とあまりにもかけ離れているからです。

ところが、未来からのまなざしで社会を見渡してみると、夢が失われているいまの社会に危機を感じ、あしたを元気にしようという志を持つ人々が結びつき、あしたの夢を育むために、私が定義するミュージアムということばでしか表現できない新しいプロジェクトが次々に誕生しています。

スルガ銀行は、みんなが夢を探すお手伝をする活動にチカラを注ぎ込み、夢を探すことができる学びと交流の場を持った新しいタイプの銀行を出現させています。オフィス家具メーカーの株式会社イトーキは、みんなの夢を育む環境をデザインする使命を実現するために、東京本社のエントランスにブックカフェを創設しています。

茨城県那珂市、常総市、行方市、そして東急電鉄沿線などを中心に、コミュニティ単位で、ふるさとの宝物を集めて、ふるさとで夢を探すことができる本とその本を並べた本棚をつくり、ふるさとの学びを糸口にして誰もが交流し、学びを輪をひろげるための場をつろうとする動きが起きてきています。

この本では、このような一連の取り組み、すなわち夢と出あい、夢を育み、夢をみつけることができる場や活動をすべてミュージアムと定義します。

ミュージアムには、地球の不思議や夢や感動の足あとが記されているモノがあります。それらのモノやコトを記録した本、映像や音声はまぎれもなくミュージアムのコレクションです。ミュージアムには、人々の心をゆさぶるようなモノやその記録がおさめられています。私たちは、ミュージアムにあるモノやコトに出あうことで、いまを超えるための勇気がわいてきます。それゆえ、ミュージアムは、遠い昔から未来とかかわってきました。

私がいうミュージアムの定義についてもう少し納得いただくために、

読者には、しばらくの間、時空を超えて、ミュージアムの起源を探る旅につきあってもらいます。

紀元前四世紀に、マケドニアの王アレクサンドロスⅢ世は、ギリシア全土を従え、ペルシャ軍を破ってエジプトを領土にし、インドまで遠征しました。アリストテレスに学んだ彼は、遠征した土地で見知らぬモノやコトと出あい、その感動を記録し、持ち帰り、人類最初の学術都市アレクサンドリアを拓きました。彼の死後、アレクサンドリアのまちに誕生した学びの場がムセイオンです。

そしてムセイオンから東洋と西洋が結びついたヘレニズムの科学と文化が次々に創造されます。このムセイオンが現代の博物館と図書館の起源になります。

一八世紀に世界の七つの海を支配した大英帝国は、地球の不思議を探るため、世界中にプラントハンターを派遣し、夢と感動を収集しました。彼らが持ち帰ったモノやコトの記録を収蔵したミュージアムが、首都ロンドンに創設した大英博物館です。

そして、大英博物館は、収蔵した宝物を公開します。そこでは、多様な交流がくりひろげられます。そして、大英博物館というミュージアムを舞台にした知の交流が、チャールズ・ダーウィンの「自然選択説」やカール・マルクスの「共産革命」を誕生させることになります。

ミュージアムとは昔も今も夢と出あい、夢を育み、夢をみつけることができる場で、そして科学と文化を創造する苗床であり続けてきました。そういう歴史的な背景を継承しているからこそ、その国の代表的な都市には、ミュージアムがあり、そこで未来のためのプロジェクトが展開されています。パリにあるルーブルミュージアム、ワシントンのスミソニアンミュージアムなどはそういう理念と使命を持って創設され、その活動に取り組んでいます。

二一世紀を迎え、人、モノ、情報が結びつき、すべてが自由につながる地球大交流社会が到来しています。シゴトの仕方も、暮らしのあり方も、コミュニケーションも変わってきました。そして、一人ひとりが、まっしろキャンパスに自由に描くことができる時代が到来しています。そういう時代になったからこそ、ミュージアムの理念を継承し、さらには一人ひとりが夢を探すことができる新しいミュージアムが求められています。

この本では、夢がたくさんつまっているミュージアム、夢を探すことができる新しいミュージアムを紹介し、ミュージアムの可能性について考えてみます。

この本の展開についてその道先案内をしてみましょう。

第Iの扉では、ミュージアムの起源にさかのぼり、ミュージアムの概念を明らかにします。現代の日本人が考えている博物館、美術館、そして図書館の考え方をひっくり返してみます。

世界征服をしたアレクサンドロスⅢ世と彼が創造した学術都市アレクサンドリアとムセイオンの起源をたどる旅からスタートします。そして、チャールズ・ダーウィンによる「自然選択説」、マルクスとエンゲルスが想起した「共産革命」の苗床となった大英博物館、さらには、日本の農林水産省、経済産業省の誕生とミュージアムのかかわりにもアプローチします。時空を超える知の冒険により、私たちの生活に決定的な影響を与えている思想や科学技術の圧倒的多くは、ミュージアムから誕生していることをふり返り、ミュージアムが持っている夢を育むチカラについて考えます。

第Ⅱの扉では、「ミュージアム国富論」をめざしている現在のイギリスの取り組みに焦点をあてます。一八五一年、ロンドンのサウスケンジントンで人類最初の万国博覧会が開催されました。圧倒的な工業力の優位を示したそれは、夢を演出する消費が主役になることを告げる未来プロジェクトでした。二〇一二年のオリンピックもまた、私たちに、二一世紀のミュージアム社会を世界にプレゼンテーションする祭典でした。

ロンドンオリンピックの開閉会式とそのマネジメントを推進した文

化起業家に焦点をあて、次に来る新しい社会のカタチを予測しながら、「ミュージアム国富論」の意義とその未来性について考えます。

ここでは、「ミュージアム国富論」の実像にふれることで、未来のミュージアムのカタチを感じることができます。イギリスの博物館、美術館、音楽、スポーツ、テレビや映像文化、そして観光といった文化や産業の未来を理解することができます。

第Ⅲの扉では、夢を育み、人をみがく本のチカラと本のミュージアムである図書館のチカラについて考えます。韓国のソウル特別市に冠岳区という貧しいまちがあります。貧困と格差の解消をめざし、まち中に「知と学び」をふり注ぐための「人にやさしい小さな図書館」プロジェクトを推進しています。そして、「靴をぬいであがる図書館」「健康づくりの図書館」「詩と音楽が流れる図書館」「子どもと遊びの図書館」などそれぞれの生活場面とリンクするユニークな専門図書館とそれを担う文化起業家が出現しています。冠岳区の暮らしと本を縁結びした事例に向きあうことで、夢の扉を開くきっかけを与えてくれる本をたくさん収蔵している図書館の新しい可能性について考えます。
現代の図書館のイメージとちがう未来の本の世界をのぞいてみることで、私たちに、夢を探すヒントを与え、人を限りない成長に誘う本と本のミュージアムの魅力と可能性に気づかされます。

以上三つの扉で時空を超える旅をとおして、ミュージアムの定義と未来への可能性を明らかにします。その旅の成果をいかして、いま日本社会が抱えている危機を超える未来のためのモデルを提起したのが、第Ⅳの扉、「未来をデザインする」です。ここでは、「人口減少社会」「格差社会」「消滅する自治体」という目の前にある危機ですっかり夢を失ってしまった日本社会を再生するシナリオを提起します。ここで提案するシナリオが、一人ひとりの人にまなざしをあて、「知と学び」を注ぎ込む「知の福祉」とそれを推進するためのエンジンとして博物館と図書館の魅力で暮らしに光を与える「みんなのミュージアム」（コミュニティ・ミュージアム）というプロジェクトです。

第Vの扉では、これまで考察してきたミュージアムのまなざしをいかして、日本地域資源学会を舞台に、筆者やその関係者が試みた「みんなのミュージアム」を創造するためのプロジェクトをとりあげます。

ここでは、ミュージアムのまなざしを持って、一二の事例について分析、評価しながら、それらを概観します。紹介事例の大部分は、地域社会の未来をデザインするための学芸員になることを夢みて研鑽を積んでいる学生たちが、それぞれの地域社会とつながりながら、切り拓いた実践事例です。私たちは、これらの事例に目をとおすことで、未来への志と情熱があれば、資金や支援がなくてもやればできるということに気づくことができます。

また、紹介する一二の事例は、補助金や助成金を活用した一過性のそれではありません。継続して展開することで修正しながら、成果を得ることができるように、すなわち、未来への志と情熱を持つ人々が知恵とチカラを持ち寄り、互いに成長しながら実践できるように設計、実行されたプログラムです。それゆえ、個々の取り組みは、「みんなのミュージアム」を着想し、動かしていくための貴重なヒントにもなります。

最後に、本書の読み方についてふれておきます。本書は、平易でわかりやすい文章と写真をシンクロさせることで誰が読んでもどこからでも楽しめるように執筆しています。できるだけたくさんの人が未来への夢を探すことができるように、各章ごとに読み切りになるように編集しています。読者は、興味のある箇所に目をとおすだけで、今まで多くの人々がイメージしたミュージアムとは別の世界があることに、さらには、人々が本に捧げてきた情熱と感動に出あうことができると思います。

「みんなのミュージアム」は、既存の博物館や美術館とは異なり、夢にかかわるあらゆるモノやコトがコレクションです。そこでは、未来に夢をいだき、夢を持ち寄ることができる一人ひとりが主役になります。

この本を手にとり、この本とかかわった人のうち、一人でも多くの人が、あしたの夢を探すために、夢を集めるために、そして夢を語りあうために、夢がたくさん集められているミュージアムを訪れることを期待します。

そして、そのような未来づくりが実を結んだその成果として、最終的には一人ひとりが、そして企業、さらには地域社会が、未来のために自分のチカラでミュージアムをつくる活動に情熱を捧げ、まちなかにミュージアムが次々に出現することを心待ちにしています。

塚原正彦

平成二八年　桃の節句

第Ⅰの扉

ミュージアム未来学

博物館・図書館とは、ふるさとの宝物を集め、記録し、富と幸せを創造する知の拠点である。

大英博物館（The British Museum）

大英帝国が 1753 年に創設したミュージアムで、正面エントランスは、ギリシアの神殿に模してデザインされている。チャールズ・ダーウィンの「自然選択説」（進化論）、カール・マルクスの「共産主義」など人類の未来を変える構想を育む舞台となってきた。

第1章　博物館と図書館の起源

■知を集める都市の誕生

歴史を学べば、文明が転換する時代にはいつも夢と感動を求め続ける冒険者が出現し、新しい文化が誕生していることに驚かされる。

人類にとって最初の学術都市となったアレクサンドリアは、見知らぬ世界の文化との出あいに夢を抱いたアレクサンドロスⅢ世の世界征服によって拓かれた。アリストテレスの愛弟子であった彼は、見知らぬ土地で出あった人、モノ、情報を首都アレクサンドリアに集め、それらを記録した。そして、その成果を若者たちと共有した。

■文明の苗床ムセイオン

彼の活動が契機になり、後継者であったプトレマイオスⅠ世が、アレ

■アレクサンドリア
アリストテレスの「リュケイオン」でプトレマイオスⅠ世とともに学んだアレクサンドロスⅢ世は、東方世界に強い関心を持ち、遠征により広大な領地を獲得した。彼は、同時に異文化を収集する活動を展開し、首都アレクサンドリアを拓いた。

■アレクサンドロスⅢ世
阿刀田高による『獅子王アレクサンドロス』（講談社文庫）、オリバーストン監督による映画「アレキサンダー」などを参照すると彼が抱いた夢とロマン、そして類い稀な知性を読み解くことができる。

クサンドリアに博物館と図書館の起源となるムセイオンを創設する。このムセイオンに森羅万象への不思議を感じ、知の冒険の虜になった若者たちが集い、交流し、世界へ巣立っていった。

地球の外周の大きさを測定し、ホメロスなどの古典研究や哲学の分野でも時代を拓く知の成果をおさめ、ムセイオンの教育経営を担った知の巨人エラトステネスがそうである。「ユークリッド幾何学」を完成させたエウクレイデスがそうである。物理学、数学をきわめ「アルキメデスの原理」を発見したアルキメデスがそうである。

アレクサンドリアで、ギリシア文化とオリエント文化が融合し、人類の歴史を劇的に変える科学と文化が誕生した。ムセイオンは、未来を創造する文明の苗床となった。

■大英博物館と近代の知の誕生

世界の七つの海を支配し、地球をネットワークすることに成功をおさめた大英帝国は、一七五三年、首都ロンドンに大英博物館（The British

■ムセイオン
プトレマイオスI世が、首都アレキサンドリアに構想し、創設した学びの場。文学から科学、数学、天文学まで、ありとあらゆる分野の資料、情報を収集、記録し、人材養成を展開した。

■ムセイオンとミュージアム
ムセイオン（Museion）は、「ミューズ」（ムーサ。ギリシャ神話で、「芸術と科学の九人の女神」）の神殿」から派生した造語で、Museum の語源である。

■ムセイオンの消失
起源前四八年、カエサルがアレクサンドリアに火をつけ、ムセイオンは消失する。アレハンドロ・アメナーバル監督、レイチェル・ワイズ主演の映画「アレクサンドリア」は、史実を下敷きにしたドラマで学術都市アレクサンドリアの街並みとセイオンの消失を再現している。

Museum）を創設した。一七五九年には、プラントハンターを派遣し、世界中の植物を集め、それを記録し、品種改良を行う王立植物園キュー（Royal Botanic Gardens, Kew）が創設されている。大英帝国にとってこの二つの施設は、世界中の知を集め、真理を探究し、新しい科学と文化を創造する帝国の理念を実現するための存在であり、まぎれもなく未来のためのミュージアムとしてその役割を果たすことになった。

国をあげて展開したミュージアム活動の成果の一つが、一八五九年にチャールズ・ダーウィン（Charles Robert Darwin）が『種の起源』で発表した「自然選択説」である。一八三一年にビーグル号でガラパゴス島を訪れた際に彼が収集、記録した動植物をヒントに、自然選択による進化が多様な種を誕生させたというその仮説は、地球上の生命の誕生と進化の謎を解明する現代生物学の基盤理論となっている。

■プラントハンターと博物学
一七世紀から二〇世紀にかけて、ヨーロッパでは有用植物、観賞用植物の新種を収集し、記録する探検家を雇用し、派遣する動きが顕著になった。収集してきた植物を分類し、体系化する過程で博物学が誕生した。

■プラントハンターの物語
奈々巻かなこ『イーフィの植物図鑑』（秋田書店）、橋本花鳥『アルボスアニマ』（徳間書店）など冒険や蒐集活動をテーマにした物語が若い女性に脚光をあびている。

■大英博物館図書館は想像力をみがく苗床

「種の起源」のアプローチは、社会進化論や唯物論という思想の誕生や産業革命を推進するための社会システムにも決定的な影響を与えることになった。

それらの社会思想を進化させ、ひろく社会に波及させる場として大英博物館に併設された図書室（The British Museum Reading Room）が、いわゆる大英博物館図書館（The British Library）として重要な役割を果たしたことをもまた見逃すことができない。

大英博物館の中央グレート・コートに巨大な図書室が配置されている。この図書室は、一九七三年に正式に大英図書館が設立されるまで、大英博物館図書館といわれてきた。博物館と図書館を区別しなければならないと考える日本人にとっては驚きかもしれないが、ムセイオンを起源とするミュージアム概念には、図書館と博物館という現代社会の線引きはない。ゆえに、大英博物館と大英博物館図書館は、当初から一体化した存在であった。

そして大英博物館を構成する大英博物館図書館には、いまこの時代を生きている私たちに決定的な影響を与えているたくさんの近代の知の誕

■自然選択説
すべての生物種が共通の祖先から長い時間をかけて、自然選択というプロセスをとおして進化してきたというダーウィンの仮説は、現代生物学の基盤となっている。

生物語が刻みこまれている。

チャールズ・ディケンズ、オスカー・ワイルド、ラドヤード・キプリングといった作家たちはこの部屋でたくさんの本と出あいながら、人々を想像の世界に誘う芸術家として巣立っていった。

ほとんど毎日のようにこの部屋に通いつめ、フリードリヒ・エンゲルス（Friedrich Engels）をはじめ友人たちと交流を深めたカール・マルクス（Karl Marx）は、『ロンドン・ノート』などの著作を書きあげ、この場所で、マルクス経済学と共産主義という社会革命の理論体系を完成させたのはあまりにも有名なエピソードである。

マハトマ・ガンディー、ウラジーミル・レーニン、夏目漱石、南方熊楠など次の時代の文化を築いた知の巨人たちが、同じ時代にこの部屋に通い、たくさんの本や資料と出あい、想像力と創造力をみがきあげた。

■唯物史観と進化論
マルクスとエンゲルスは、ダーウィンの仮説を糸口に、人間社会にも自然と同様に客観的な法則が存在しているとみなし、生産力の発展に照応して生産関係が移行していく歴史発展観を提起した。

■ミュージアムは文明の創造装置

ムセイオンのまなざしから大英博物館というミュージアムを見直して

みると、ここに収蔵された本や標本はまぎれもなく近代の知と文明の母になった事実が理解できる。そして、私たちは、それのコレクションが持っている未来を創造する無限のチカラに驚かされる。

ミュージアムは、知と文明の母で、都市の理念や志を世界に発信し、未来を創造するための存在である。そのようなムセイオンの歴史的な使命を継承している博物館と図書館すなわち、ミュージアムは、大英博物館に限定されない。パリのルーブルミュージアム、ワシントンのスミソニアンミュージアムなど、世界の代表的な都市の中心には必ず、その使命を継承した未来のためのミュージアムが配置され、世界へ向けて知のチカラを発信し続けている。

第2章　夢のミュージアム上野公園

■農林水産省と経済産業省はミュージアム

我が国でも、ミュージアムのまなざしをいかした社会デザインを構想し、その実現に奔走した官僚がいた。国立科学博物館を構想し、近代日本社会の知と産業の創造の拠点として上野公園のグランドデザインを描いた田中芳男である。

一八六七年に、パリの万国博覧会に参加した田中は、ミュージアムのアプローチを我が国の殖産興業へ活かせるのではないかと着想し、湯島の聖堂を拠点に、全国の地域資源の収集を目的とした博覧会を企画し、物産局の創設に尽力した。この物産局が母体になり、今日の農林水産省と経済産業省が誕生することになる。

田中は、一八七二年にウィーンで開催された第四回万国博覧会に、佐

■田中芳男
一八三八年に信濃国飯田城下の中荒町の医師の家に生まれる。博物学者の伊藤圭介の門に入り本草学、医術洋学を習得し、伊藤とともに幕府の蕃書調所に出仕する。

野常民らとともに責任者として派遣された後に、上野公園に、博覧会を常設化する博物館の創設を提案した。田中はこの構想を提案するだけではなく、構想を着実に実行にうつすために、収集した地域資源を産業に進化発展させる仕組みを組み入れたミュージアムプロジェクトを計画し、それを実践してみせている。

■田中芳男と博覧会
田中は、博覧会と産業振興の第一人者で、一八六七年に渋澤栄一とともにパリの万国博覧会に参加し、昆虫標本を出品する。初代の国立科学博物館館長で上野公園の夢のミュージアム構想を提起するとともに、物産局、東京大学農学部の開設にもたずさわる。

■上野でふるさとの宝物が出会い未来を育む

田中がミュージアムのまなざしを持って知と産業を創造する拠点として構想した上野公園を検証してみよう。

上野の森の中に、内外から集められた希少性の文化財を収蔵した博物館に加え、動物園を設置した。それは、文化財の収蔵庫でもなく、見世物小屋でもない未来志向の博物館の創設をめざしたからである。それゆえ、全国から地域資源を集め、それらをみがきあげ、暮らしを豊かにするための博覧会を定期的に開催することを企画し、自ら全国を歩き、地域資源の収集に取り組んでいる。

田中の構想は、上野の不忍池に我が国ではじめての競馬場を創設するところまで発展していくことになる。そして、一八八四年から一八九二年まで存在していた不忍池の競馬場では、競技を見学することにあわせて、社交パーティーが開催された。

競馬は、現代の多くの日本人がイメージしているようなギャンブルではない。「種の保存と改良」の研究成果を検証するための科学実験である。それゆえ、イギリスでは、競馬は、王室が主催するミュージアムプロジェクトで、知の文化イベントであるから競技とともに社交パーティーが組み込まれている。

領域や階層を超えて人・モノ・情報が出会い、それらが結びつくための夢の空間をつくりあげようと考えた田中にとって、地域資源を収集し交流する博覧会とあわせて不忍池の競馬場はどうしても必要な存在であった。

1：夢のミュージアム上野公園

田中芳男は、ウィーンの万国博覧会を視察し、それを参考に、日本全国の地域資源を収集し、未来のための産業を創造するミュージアムを上野公園に構想した。彼が構想したミュージアムは、現在の経済産業省、農林水産省の起源にまでさかのぼることができる。写真は、かつて競馬場であった現在の不忍池。

■地域資源をみがきあげ暮らしを豊かに

田中のふるさと長野県飯田市は、現代日本の「甘いりんご」の発祥の土地であり、現在も有数の産地である。田中が企画し自ら運営した博覧会をきっかけに急速にすすんだ「りんご」の品種改良の成果を、よその地域にさきがけ、飯田市の農家が積極的に導入したからである。

田中が構想した上野公園での物産博覧会は、「田中びわ」や「白菜」などの新しい品種を次々に誕生させることに貢献した。そして、そのおかげで日本の食卓は豊かになり、暮らしは大きく変わることになる。

田中が構想した一連のミュージアムのプロジェクトは着実に実を結び、ミュージアムから新しい未来が誕生した。歴史をさかのぼることで、イギリスと同じように日本でもまた、ミュージアムが科学や産業の苗床となった時代があった事実がうかびあがってくる。

■失われた夢のミュージアム

殖産興業が軌道にのりはじめると、藩閥政治によるポスト争いが繰りひろげられるようになる。幕臣であった田中は、国立科学博物館の館長を最後に政府から退けられてしまった。それとともに、彼が描いたミュージアムという壮大なビジョンはすっかり忘れられてしまった。その結果、知と産業の創造センターの役割を担うはずであった上野公園は、その理念も機能もすっかり換骨奪胎されてしまった。

物産局は、現在の農林水産省と経済産業省となり、ミュージアムとは一線を画し、それぞれが独自に地域資源を活用した博覧会的なプロジェクトを展開するようになった。競馬は、学術研究と社交とは別の次元のギャンブルになり、ミュージアムからも上野公園から離れていってしまった。

上野公園には、文教行政が管轄する文化財保護とレクレーションの役割を担う「博物館」だけが残された。「博物館」は、田中が構想したミュージアムとはまったく別の次元の存在で、過去を収蔵し、それを公開するための見世物小屋に変質した。そして、夢のミュージアムとして構想されたはずの上野公園は、通俗的な観光地になってしまった。

■現代日本のミュージアムは世界の非常識

田中が描きあげ、実践にしてみせた新しい夢や感動との出あいに心躍らせることを願う人々が集い、未来への情熱をわかちあう人々が集うミュージアムは、もはや影もカタチもなくなってしまった。

日本では現在、博物館も図書館もともに、創設当初に持っていた理想や歴史的使命はすっかり忘れられてしまった。そして、社会に役立つ知識を啓蒙する学校教育を補完するための付録のような教育施設として位置づけられてしまっている。

その起源をさかのぼれば、同じ施設であったはずの博物館と図書館は区分けされ、徹底的に機能分化されてしまった。

その結果、日本ではミュージアムにかかわる研究では、ミュージアムの存在意義や社会とのかかわりなどの本来のマネジメント研究はすっかり捨象されてしまった。自然史、考古学、美術史など個別テーマにかかわる文化財の調査と資料の保存、分類整理、利用者サービスなどの業務管理が研究対象となってしまった。そして、それぞれの個別分野の研究者が狭い視点からミュージアムを論じ、ミュージアムの運営に参画するという異常な事態が起き、ミュージアムは社会と距離をおいた特殊な存在になってしまった。

第3章　ミュージアムは未来を発明する

■未来のための知の苗床

歴史をふりかえれば、時を超え、国境を超え自然の不思議やそれぞれの時代をつくった人々の夢と感動が収蔵、記録されているミュージアムでの多様な出あいが、次の時代の科学と技術、そして社会装置の創造に決定的な影響を与えて続けてきたことがみえてくる。

ムセイオンや大英博物館の理念を継承している世界中のミュージアムには、人々が発見した不思議や感動が持ち寄られ、記録され続けている。ミュージアムに持ち寄られたモノやコト、それらが記録された本やメディアは、あらゆる人々とって共有されるように開かれている。それゆえ、ミュージアムは、昔も今も未来への夢や感動をみつけるための大切な場であり続けている。

未来からのまなざしで見直してみると、その来歴が同じである博物館と図書館には境界はなく、それはまぎれもなくミュージアムであることがみえてくるようになる。そして、ミュージアムは、いつの時代も未来志向であり、文明の母であり、新しい科学と文化を創造する苗床であり続けてきた。

■未来のためのミュージアム

文明のまなざしを縦糸に、地球志向のまなざしを横糸にしてミュージアムを見直してみると、世界中の国々は、いまでもその首都にミュージアムを設置し、ミュージアムを拠点に未来をデザインする活動に挑戦していることがみえてくる。その都市のあらゆるプロジェクトにミュージアムが深く密接にかかわっている。

イギリスの首都ロンドンの大英博物館、フランスの首都パリのルーブルミュージアム、アメリカ合衆国の首都ワシントンのスミソニアンがまさにそうであるように、ミュージアムは、まぎれもなく人々の夢や感動を育む場で、未来のための知や文化を創造する苗床で、未来のために存在している。

■博物館法と図書館法の限界

そのように考えてみると、ミュージアムとしての博物館とは、我が国の関係者が想定している博物館法に記載されている「過去を保存し、記録し、それを公開するレクレーション」をする「博物館」ではないことがみえてくる。ミュージアムとしての図書館とは、図書館法に記載されている「図書やその他の記録を収集、整理し、収集した図書や記録を活用してレクレーション」活動を展開したり、貸本を事業にしたりするような「図書館」ではないことがみえてくる。

ミュージアムである博物館と図書館は、狭い文教行政の枠組みに終始せず、目先の課題処理に追われ、本来の理念を見失ってはならないのである。ミュージアムは、文明に対する洞察力と地球的視野をもって構想され、運営されなければならない。そうであるからこそ、ミュージアムにたずさわるあらゆる人々は、未来学のまなざしを持たなければならない。

■遠近法で歴史を見直す

人間は、けっして全知全能ではない。けれども、いま眼にうつっている光景を、時空を超えて縁結びする思考力と想像力を持っている。それをいかすことができれば、過去の視点から現在と未来をみつめ、現在の視点から過去と未来を考え、未来の視点から現在と過去を振り返ることができるようになる。

歴史を学ぶということは、人間の持つ視覚や自然の限界を超え、思考力と想像力を働かせる行為である。そしてそれは、時空を超える知の冒険に挑戦し、夢や感動を育む営みでもある。

■コレクションは未来の宝物

そのように考えれば、ミュージアムに収蔵されている宝物は、人に活

■未来学
多彩な視点から未来研究・推論する学術研究で、一九六〇年代後半に誕生し、七〇年代に急速に発展した。線形的な経済予測やマーケットリサーチとは一線を画し、学際的視点から長期のスパンで未来を洞察する。

■歴史の法則
アーノルド・トインビーは、人類の歴史の長さから観ると人類は同じことを繰り返すと指摘する。一九一四年の世界大戦がヨーロッパ文明にもたらした経験は、紀元前四三一年のペロポネソス戦争がイギリス文明にもたらした経験と同時性があるという。

用されてはじめて輝きを持つことがみえてくる。そして、過去を収蔵しているミュージアムがなぜ未来を志向しなければならないかという命題もみえてくる。

二一世紀を迎えたいま、地球上のあらゆる人とモノが出あい、つながり、感動を共有することができるようになった。そして、地球上のモノや人との出あいから新たな夢を発見し、学びを育みながら生活を豊かにする社会が実現しようとしている。そのような歴史の転換を視野にいれるなら、未来の苗床として、ミュージアムは、持っている宝物を未来のために活かすためのプロジェクトに挑戦しなければならない。

第4章　ミュージアムから社会をデザインする

■人へ投資する社会デザイン

　これまで、社会をデザインするための未来へのアプローチには、二つのタイプのモデルがあった。

　一つは、社会主義や共産主義のそれである。それは、はじめにあるべき理想社会を設定し、現在社会で生起している矛盾や構造を革命し、解消することで、理想を実現しようというモデルである。もう一つは、近代経済学や政策科学などに用いられる工学的なアプローチである。それは、現在のまなざしから未来を予想し、選択可能な解決策を準備するモデルである。

　前者のモデルは、理想を実現しようという情熱が暴走を招き、さまざまな悲劇をうみだした。後者のモデルは、堅実ではあるがいまの仕組みを変えるイノベーションを想定しないため、どうしても長いものにはまかれろというような風潮を引き起こしてしまう。その結果、人々が未来への夢を失い、社会が閉塞してしまうという課題が残されてしまう。

私は、これらの二つとアプローチとは別に、時空の壁を超えて、人、モノ、コトを出あわせ、新しい知を創造する活動をとおして新しい未来を創造し続ける社会モデルを提起したい。

私が提起する社会モデルにおいて中核的な役割を果たす存在がミュージアムである。私のモデルでは、ミュージアムは、人、モノ、情報を収集し、それらを縁結びしながら、新しい知を創造し続け、人々の限りない成長を促すことになる。

このようなミュージアムを活用し、あらゆる地域社会や組織に「知と学び」をふり注ぐことで、人々を成長させるための働きかけをとおして社会を変え、新しい社会をデザインしようという社会モデルを「ミュージアム未来学」ということにする。

■夢を抱き自らのチカラで未来を発明する

「ミュージアム未来学」を定義する前に、共産主義、社会主義のアプローチに加えて、近代経済学などに用いられた工学的アプローチとのちがいから検討してみることにしよう。

ミュージアム未来学とそれらのちがいの第一は、人間の未来に対する考え方にある。これまでの社会科学では、見えざる手に導かれ、合理的選択し、教えられたことを習得し、そのまま行動する機械のような人間を想定してきた。

そのような人間観にたつことではじめて、その場に応じて人を置きかえながら、組織で人を動かす労働や経営が可能になる。しかし、そこでは、未来はつねに現在から予想できる範囲にあり、向こうから訪れるものであるという考え方が支配的になる。それゆえ、一人ひとりの人間にとって、未来は受け身の存在になってしまう。

ミュージアム未来学では、そのような人間観とは一線を画す。人間は一人ひとりがかけがえのない人格を持ち、未来に夢を持ち、自分をつくりかえる気概もあれば情熱もあると想定する。

■見えざる手
アダム・スミスの『国富論』と『道徳感情論』に登場することば。自己の利益を追求する行動が、意図せずに社会の利益を高める過程を「見えざる手」と表現している。

一人ひとりの人間には、現在よりももっと良くなろうという意欲があり、今ある自分を超えて新しい明日をつくろうとする志がある。そのような人間によって形成される社会では、未来は予想するものでも向こうから訪れるものでもなく、自らのチカラで変えることができる存在になる。すなわち、そこではじめて、未来はかけがえのない一人ひとりの人間が自らのチカラで積極的にかかわり、発明する対象になる。

■未来をデザインするエンジンは知と学び

一人ひとりが自らのチカラで切り拓く未来へのかかわりを育むためのエンジンの役割を担う存在が「知と学び」である。人は、感動と出あい、人との出あい、そして本との出あいをとおし、はじめて夢を抱き、未来への情熱を持ち、自分を変えることができ、限りない成長へ向かうことができる。

ミュージアム未来学は、社会に「知と学び」を降り注ぐ活動をとおして、人をみがきながら、新しい未来を創造することをめざしている。

学校教育という近代の仕組みにおいては、「知と学び」は仕事に役立つスキルと社会で役に立つ人間になるための道具であった。そこでは、「知と学び」は、基礎学力と定義され、人は、整理された知識や情報を吸収する存在として想定されてきた。

そのようなスタイルは、私たちが想定している未来からのまなざしから人々に降り注ごうとする「知と学び」とは大きな隔たりがある。これが第二のちがいになる。

■未来と過去を夢と感動で結ぶ

そして、第三のちがいは、過去とのかかわり方である。これまでの社会科学では、未来はこうあるべきであるというスタンスで固定化するか過去と現在の延長戦で未来を想定してきた。ミュージアム未来学では、過去を評価するために歴史とかかわろうとする歴史学のアプローチとは一線を画す。

私たちは、未来からのまなざしで歴史とかかわり、未来を育むために歴史にかかわり、未来のために歴史から学ぶアプローチを展開する。

歴史には、人と自然とのかかわりや人と人とのかかわりに加え、人々が未来へ抱いた夢や感動が刻みこまれている。それらは今生きている人々が未来への夢を抱くためのかけがえのない宝物になる。

それゆえ、あらゆる人に、未来からみた過去、未来からみた現在などつねに未来からのまなざしから思考する機会を意図的につくりだすことが可能になり、新たな感動を促し、一人ひとりの未来をつくるチカラを磨きあげることができる。

そうであるからこそ、過去が収集され、記録されているミュージアムは、未来への扉の入り口になることができ、私たちを未来に誘う魔法の空間になることができる。ニュージアムは、人と未来を結ぶ創造装置であり、未来をデザインし、発明する中核施設である。それゆえ、ミュージアムを起点にして社会は変えることができる。

第Ⅱの扉

ミュージアム国富論

夢をデザインする文化起業家が、未来の知と学びを創造するロンドンオリンピックの未来戦略。

イギリスのミュージアム国富論

イギリスでは、歴史的景観や建造物を活用して、教育と産業の壁を超えてあらゆる分野で、暮らしを豊にする学びのプログラムが実施されている。観光は学びを核にした文化産業と位置づけられ、学びのプログラムを企画開発する学芸員やインストラクターの人材養成がすすんでいる。

第5章　ロンドンオリンピックのメッセージ

■夢を演出する博覧会

一八五一年、イギリスは、ロンドンのサウスケンジントンで人類最初の万国博覧会を開催し、圧倒的な工業力の優位を世界に示してみせた。サウスケンジントンのまちなかに、一九世紀の最先端の科学技術の成果による新素材の鉄とガラスを用いた巨大な建造物が、しかも温室のカタチになってこつ然と出現したのだから人々を驚愕させないわけはない。

一九世紀の人々にとって温室は、夢の世界の入り口で、あこがれの対象であった。なぜなら、温室は、世界中に派遣されたプラントハンターたちが持ち寄った宝物がそれぞれ結びつき、新たな種を創造する生きたミュージアムであったからである。

世界中から持ち寄られモノたちは、クリスタルパレスと命名されたそ

■ロンドン万国博覧会
一八五一年、サウスケンジントンのハイドパークで開催された世界で最初の国際博覧会。近代の工業技術とデザインの祝典として計画されたそれは、大成功をおさめ、一八万六〇〇〇ポンドの利益を生みヴィクトリア・アンド・アルバート・ミュージアム、サイエンス・ミュージアム、大英自然史博物館の創設につながった。

の巨大な展示空間に飾られることで、一層のかがやきを増すことになった。そして、博覧会を訪れ、飾られたモノたちに出あった人々が、夢と感動の世界に誘われたのはいうまでもない。

ヴァルター・ベンヤミン（Walter Bendix Schönflies Benjamin）は、『パサージュ論』（今村仁司他訳、岩波現代文庫）に「万国博覧会は消費に手の届かない大衆が交換価値への感情移入を学習する絶好の学校であった」と記している。彼の指摘をまつまでもなく、ロンドン万国博覧会は、夢を演出する消費が、社会の主役になったことを告げる未来プロジェクトであった。

■未来のカタチを提案するオリンピック

万国博覧会の開催から一六一年の歳月を経て、二〇一二年にロンドンで三度目のオリンピックが開催された。一九世紀の万国博覧会がそうであったように二〇一二年のオリンピックもまた、私たちに二一世紀に訪れるであろうミュージアム社会の出現を世界にプレゼンテーションするための祭典となった。

多民族都市であり、ミュージアム都市の性格をもあわせ持っているロンドンには、国籍や文化の相違を超えて人、モノ、情報が出あい、新しい文化を創造する仕組みが埋め込まれている。

二一世紀のイギリスは、そのような背景を持っている強みをいかし、イギリス発の知と文化で世界中の人々を魅了する社会をつくりあげるための理念を掲げた。それが、「ミュージアム国富論」である。

「ミュージアム国富論」を実現するためには、世界中の人々が、イギリスが持っている自然や文化に感動し、イギリスを訪れ、そこで学んでみよう、さらには消費してみようという熱い思いを引き起こす学びのコンテンツを開発し、それにかかわる新しい産業を創造するプロジェクトに挑戦しなければならない。

ロンドンオリンピックは、イギリスの「ミュージアム国富論」とそのためのプロジェクトを世界にプレゼンテーションしてみせる二一世紀の新しい博覧会として計画、実施されたセレモニーであった。

2：知を創造するミュージアム産業革命

V&A の教育部長であったデビット・アンダーソン（D.Anderson）による文化と教育政にかかわる策提言レポート『A Common Wealth』は、1998 年に DCMS より出版された。「知の成長社会」を実現するために、ミュージアムを起点にした社会デザインを具体的に提起しているこの著作は、イギリスの教育改革、その後のロンドンオリンピックに決定的な影響を与えた。著者が、翻訳部分に日本での展開と未来のためのミュージアム像の問題提起を新たに加えて、『ミュージアム国富論』として、2000 年に日本地域社会研究所から刊行している。

■文化起業家の誕生と新しい暮らしのカタチ

そのような視点でロンドンオリンピックをふり返ってみると、これから先の未来のカタチがみえてくる。

田園風景とコミュニティの幸せをオープニングにして、生活者のまなざしから産業革命を成し遂げたイギリスの歴史を紹介する市民参加のパフォーマンスがそうであった。アスリートと客席が一体になって、「ヘイジュード」（Hey Jude）を合唱した開会式をはじめいくつかの運営スタイルもまたそうであった。

ロンドンオリンピックで私たちが目撃したのは、スポーツや音楽を糸口にして一人ひとりが学びあい、成長しながら富がうまれる新しい社会の魅力と可能性であった。

イギリスの若者にとって、一九六〇年代に出現したヒーローであるビートルズ（The Beatles）は、現在もまだヒーローであり続けている。彼らが愛される理由は、作詞、作曲はいうまでもなく自らプロデュースした作品を自作自演でこなした志本家（Independents）であると同時に

■文化起業家(Culture Entrepreneur)
文化を人々の学びにデザインすることで富を創造する起業家で、鑑賞による集客収入や企業や行政からの補助や支援の対象としてのアートや伝統工芸にかかわる人材とは異なる。

文化起業家（Culture entrepreneur）の成功者であるからである。

彼らは、誰もが自由に学びあい、学びの成果を共有することで、限りなく成長し続ける生きるカタチと新しいシゴトのスタイルをみせてくれる未来ミュージアムである。

ロンドンオリンピックは、文化起業家の開拓者であるビートルズと開閉会式に参画した市民パフォーマーやその運営に参加したボランティアを見事に縁結びした。そのことで、生活者の一人ひとりが、自分なりの暮らしのスタイルで社会にかかわることができることをみせてくれた。

活動に参加した一人ひとりが感動を表現し、共有しながら、限りなく成長し、自分をみがきあげる生き方をプレゼンテーションしていた開閉会式は、私たちに、もはやプロとアマの線引きはなくなり、人と人がつながり感動が育まれる新しい社会が出現していることをみせてくれた。

■生産消費者とAll by my self 経済

生活者一人ひとりが学びあい、その成果を共有する未来社会では、一

■文化経済（Culture Economy）
文化を学びにデザインすることで人々の成長を促したり、文化をブランド化することでサービス付加価値を高めることで、富を創出する新しい経済の仕組み。既存のアーティストやディレクターに代わるプレイヤーとして文化起業家の活躍を想定している。

人ひとりが消費者になることも、生産者にもなることもできる。そこでは、生産者と消費者、プロとアマ、芸術家と鑑賞者という枠組みは解消する。そして、一人ひとりがいまの思いを自分のチカラで表現し、自らの暮らしをデザインするAll by my self経済が大きな要素を占めるようになる。そのような社会の到来を予測した未来学者アルビン・トフラー（Alvin Toffler）は、これから先の未来社会に生きる人間像として「生産消費者」（Prosumer）という人間像を設定している。

■生産消費者（Prosumer）
未来学者アルビン・トフラーが、『第三の波』『富の未来』の中で提起した概念で、生産者（producer）と消費者（consumer）とを組み合わせた造語である。

3：文化起業家とインデペンデンツ

文化起業家は、自らが持っているスキルをいかし人々を幸せにする文化をデザインする新しい起業家である。自分の表現を訴求するアーティストでもなければ、マーケットの動向に一喜一憂しながら利潤を追求する顔のみえない企業でもない。一人ひとりの消費者と向きあいながら自分でできる幸せのためのデザインを提案する起業家である。イギリスでは、文化起業家は、新しいシゴトのスタイルとして注目されている。写真は、文化起業家の可能性を考察した報告書で、2000 年に DEMOS から刊行された著書『Independents』である。

■夢を育み、富をうみだすミュージアム

「生産消費者」が主役になる新しい経済社会では、富の源泉として知や学びが大きな役割を果たす。人々は、知や学びを求めて世界中を旅しながら、そこで学んだ成果を物語にして、世界中に発信する。

そのような未来社会で、「知と学び」をふり注ぎ、人とモノと情報が出あい新たに結びつく場として、社会の中心的な役割を果たす施設として期待される存在がミュージアムである。

ミュージアムには、森羅万象の不思議が収蔵されている。時を超えて人とモノ、そして情報が出あった驚きや感動の記録、人々の喜びや悲しみ、生きた足あとが記録されている。ミュージアムを活用することで、誰もが自由なアプローチで感動と出あい、交流することができる。

ミュージアムと出あい、そのコレクションにふれることができれば、私たちは想像の翼を限りなくひろげることができ、夢をみつけることができる。そして、自分をみがきあげることができる。それゆえ、ミュージアムは、未来のためにマネジメントされなければならない。

4：文化起業家が集う創造都市ブライトン

1960年代まで海水浴場のあるリゾート都市として栄えたブライトン（Brington）は、文化起業家たちが集うまちとして注目されている。文化起業家たちが協力して企画開発した暮らしを豊かにするモノやコトを中心市街地の空き店舗と過去のリゾート施設を活用し、直接消費者にプレゼンテーションする。

第6章　ミュージアム産業革命と文化起業家

■知の成長社会

世界中の人々がひろくあまねく情報を共有することが可能になり、地球大交流社会が到来している。一人ひとりが世界中の人々と交流し、情報を共有し、未来への夢を発見し、自分のチカラで未来をデザインする社会が到来している。そして、経済の仕組みも、仕事の仕方も、人々の生きるカタチも変わろうとしている。

そこでは、私たちの暮らしに利便性をもたらす金銭に代わって、学びが富の源泉になる。

学びは、私たちに未来へ夢をもつことができるように働きかけてくれる。学びは、暮らしの質を良くしようと思うきっかけを働きかけてくれる。学びは、一人ひとりを豊かにし、人と人とを結び、幸せをもたら

■知の成長社会
もともとは、生涯学習社会と同義であるが、教育行政の枠組みで展開していた社会教育のイメージを払い去ることができなかった。それに代わるキーワードとして、ミュージアムの原型や一八世紀の学びのスタイルと生産消費者を縁結びし、一人ひとりが自由な学びのスタイルで限りない成長を育み未来社会を想定した社会デザインを視野にいれて提起した造語である。

し、限りない成長をもたらしてくれる。学びが核になってすべてが未来志向で動いていくのが「知の成長社会」である。

「知の成長社会」を実現するためには、官と民、そして地域社会が協力して、人々の暮らしに、そして地域社会に、「知と学び」をふり注ぐプロジェクトを展開することが求められる。「ミュージアム国富論」とは、その一連の取り組みである。

■富の未来の知と学び
アルビン・トフラーは、情報社会が進展すると、産業社会では分離してしまった生産者と消費者が再び融合する可能性を指摘し、新しいスタイルの生産消費者の復活を予測している。そして、生産消費者を創出するための知と学びの重要性を提起している。

■ミュージアム産業を実現する創造的産業

イギリス政府は、「ミュージアム国富論」を実現するため、一九九七年に「創造的産業特別委員会」を設置し、『創造的産業地図帳(Creative Industries Mapping Document 1998)』を策定した。

報告書は、創造的産業を「個人的な創造性や技能、才能に発する諸事業であり、知的財産の生成と開発を通じて、富と雇用の創出の潜在可能性を有するものである」と定義している。そして、年間およそ六〇〇億ポンドの生産額を発生させ、イギリス国内経済の四%に寄与し、一五〇

■ミュージアム産業(Museum Industry)
著者が、『ミュージアム集客・経営戦略』(日本地域社会研究所)で提起した新たな概念。知の成長社会への移行を視野にいれ、学びを核にした地域再生と産業創造を総称してミュージアム産業と定義し、その方策を提示している。

万人の雇用を発生させ、創造的産業部門は、経済全体の二倍の成長をしているを試算している。

報告書では、広告・建築・芸術および骨董マーケット・工芸・デザイン・デザイナーファッション・映画・双方向性の娯楽ソフト・音楽・公演芸術・ソフトウェア出版・テレビおよびラジオに加え、ミュージアムと観光、放送局が、コンテンツを開発し、それらの人材を養成するための最も重要な部門に位置づけられている。

■ミュージアム国富論を支援するDCMS

「ミュージアム国富論」を実現するために、未来のグランドデザインを描き、その分野の人材養成と先進的なモデルプロジェクトを推進する機関がDCMS（Department of Culture,Media,Sport）である。

それは、日本でいうと文部科学省、経済産業省、国土交通省、総務省が一つになった省である。DCMSでは、カルチャー、メディア、スポーツ、ツーリズム、レジャー、オリンピック、クリエイティブ・インダス

■創造的産業（Creative Industry）
英国の文化・メディア・スポーツ省（DCMS）は、「個人の創造性や技能、才能に由来し、また知的財産権の開発を通して富と雇用を創出する産業」と定義している。人々に夢と感動を提供することで富を創出する産業で、文化経済の中核を形成する役割を担う。

トリーが管轄され、ミュージアムのまなざしから新しい富を創造する社会事業が展開されている。

ＤＣＭＳが提起した未来へのビジョンと政策的な支援があったからこそ、イギリスは、二〇一二年のロンドンオリンピックで「ミュージアム国富論」を地球社会にプレゼンテーションする博覧会にすることができたである。

■学びをデザインする文化起業家を養成する

ＤＣＭＳのプロジェクトを具体的にみてみよう。「ミュージアム国富論」では未来からのまなざしでデザインされた学習コンテンツが重要な要素になるのはいうまでもない。しかし、それよりも先に、そのままで地中に埋もれている地域資源を探し出し、地域資源に未来からのまなざしで光をあててそれを学習コンテンツにデザインすることができる人材とそのような人材を養成するためのプログラムが必要とされる。

そのような仕事をする人材がこれからの新しい起業家である文化起業

家である。DCMSを中心に、多くの都市や教育機関がその養成にエネルギーを注ぎこんできた。

日本では、文化にかかわる人材というと文化庁や芸術大学が主導するアーティストの養成がイメージされてしまうが、文化起業家は、表現活動を主体とするアーティストでもなければ、ビジネス分野を主体に活躍するアートディレクターでもない。

文化起業家は、時代をリードし、人々に受け入れられ、人々の生活を豊かにするための学びをデザインし、文化を創造する新しいタイプの学びのデザイナーである。

■イギリスの宝物を探そうICTプロジェクト

イギリスの文化起業家のありようについて、東海岸のリゾート都市ブライトン（Brighton）で、ICT事業を核にした学習デザインに挑戦しているアレックス・モリソン（Alex Morison）のプロジェクトを中心にみてみよう。

■現代日本人の文化財への誤解
近年、博物館学芸員の養成を目的に、文化遺産学、保存科学などを専攻する学科やコースを設置する大学が増加している傾向がある。しかし、文化が経済や観光の対象として注目され、国際的に評価されるのは、文化そのものがブランド価値になり、学びのサービスにすることができるからである。その分野で活躍する人材が文化起業家である。現在、日本の多くの大学や博物館が想定している文化財を保存したり、修復したりする人材へのニーズが高まっているという主張は、業界の論理で、国際的にはその分野への注目はけっして高いものにはなっていない。

アレックス・モリソンは、ICTを活用することで、国民すべてが、世代や地域を超え、文化を超えて語りあいながら新しい地域の文化や資源を発見し、みんなで学びのコンテンツをつくるプロジェクトが可能になったのではないかという問題意識を持った。そして、未来のためには、生活者の目線にたった学習コンテンツが必要と考え、世代や階層を超えあらゆる人々が参加してつくりだす「イギリスを探そうキャンペーン」を起ちあげ、「アイコンズ」（ICONS）というポータルサイトを構築した。

彼のプロジェクトには、二つのねらいがある。一つは、自分たちの身近にある地域資源を活用して、その楽しみ方をみんなでつくるプロジェクトである。そしてもう一つは、ICTを活用し、子どもも大人もともに参加して自分たちの暮らしの中にある素晴らしいデザインをみんなで見つけることで、もう一度自分たちをの暮らしや生き方を考える教科書をつくろうというプロジェクトである。

アレックス・モリソンと著者

文化起業家が集結する創造都市ブライトン

■幸せの種をまく起業家

「アイコンズ」の活動をとおして、観光プログラムにまで進化成長した新しい学習プログラムが次々に誕生している。文化起業家とは、そのような未来へのプロジェクトを構想し、それを実現する新しい起業家である。

夢と感動、そして幸せを創造する新しい起業家である彼らは、ビジネスマンやアーティストとは一線を画し、人々を幸せにするための生活価値やそれにかかわる物語をつくることに情熱を注ぎ込んでいる。

イギリスは、長期的な視点を持って、新しい理念を国民に提起し、それを実現するために未来への志とスキルを持った人材養成に歳月をかけて戦略的に取り組んできた。そこのところに、現在のイギリスの強さがある。

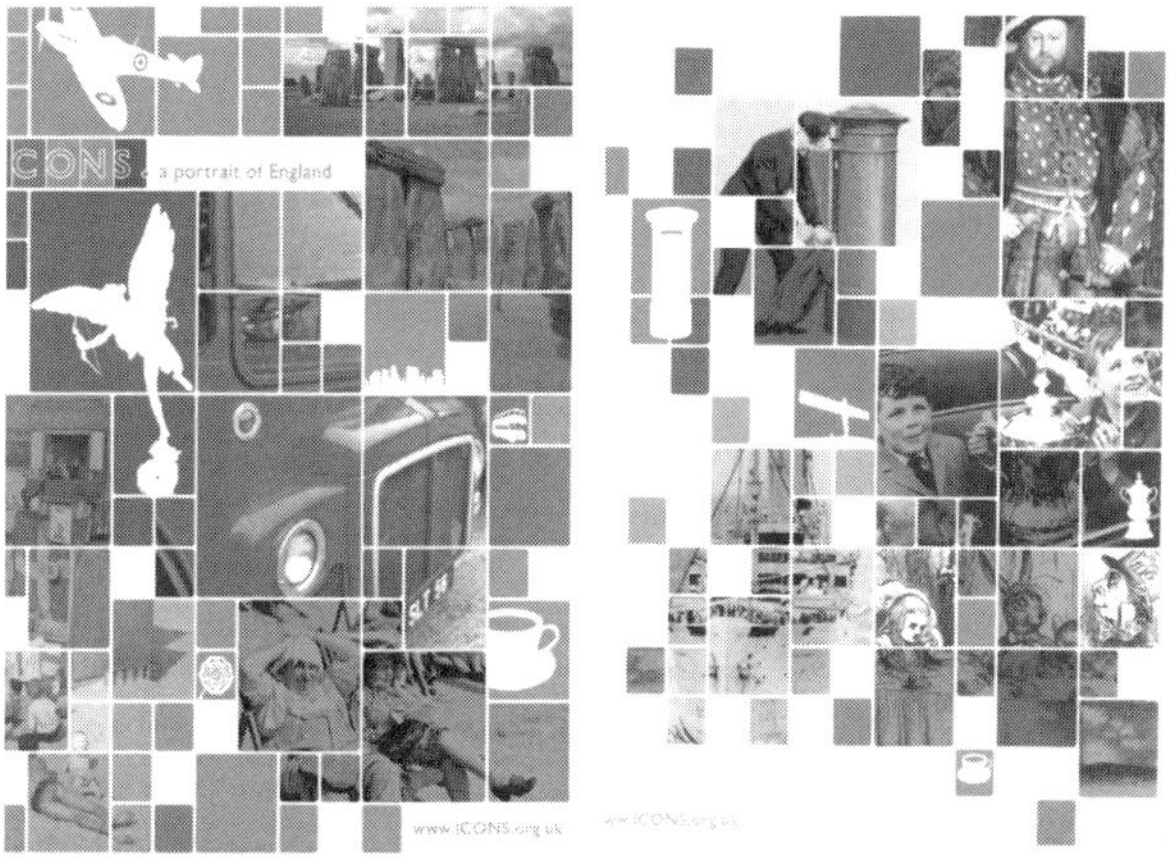

5：Culture Online ICONS

ＩＣＴを活用して、あらゆる人々が参加して、学びのコンテンツをつくりあげていく物語プロジェクトである。「みんなで未来のための宝物を探そう！」をキャッチフレーズに、参加者がまちを歩いて、持ち寄った写真やエッセイで物語を創作し、アイコン化していく。その結果、新しい学びのコンテンツが多数誕生し、それらがきっかけとなり、まちづくりやコミュニケーション産業が次々に誕生している。写真は、プロジェクトのトップページのデザインを表現したパンフレットの表紙。

第7章　ミュージアム化する社会

■未来志向のミュージアム

　イギリスが国をあげて推進する「知の成長社会」と「ミュージアム国富論」の実現は、いまある文化を未来からのまなざしで評価し直し、変換する行為である。それは、まぎれもなくミュージアム活動である。

　いまイギリスでは、あらゆる分野でミュージアム化がすすみ、価値の転換が起きている。経済の世界では、これまでは供給する側が一方的に決定していたモノや文化の価値を受け手である消費者のまなざしから見直し、消費者が未来に夢を育むことができるように新たにデザインしようという動きが大きな流れになってきている。

価値ある情報を教科書に記載し、それを啓蒙する教育スタイルが確立した学校教育のあり方も、一人ひとりにまなざしをあてながら、成長を促すよう働きかける方向に変わりつつある。

その動きが、ミュージアムのあり方にも大きな変化を引き起こしたのはいうまでもない。過去の遺物を収蔵し、保存することに重きをおいてきたミュージアムのあり方、すなわち、収集、保有している文化財を展示し、それを権威づけて見せしめるミュージアムのスタイルは、あらゆる組織、人々から否定され、もはや過去のものになってしまった。

そのような視点から組み立てられてきた二〇世紀のミュージアム・マネジメントも劇的に書き換えられることになった。そして、未来志向に舵をとりながら、社会とつながり、社会をデザインするプロジェクトへ参画する新しいミュージアムが次々に出現しはじめている。

いま、イギリスではあらゆる分野でこのような未来志向のミュージアムが次々に誕生している。その動きを具体的にみてみよう。

未来ミュージアム1

流行をデザインするミュージアムプロジェクト
ヴィクトリア・アンド・アルバート・ミュージアム
Victoria & Albert Museum

■流行を創造するミュージアム

過去の遺産を収蔵しておく「博物館」という古いイメージをぬぐいさり、世間をあっと驚かせる学びのプログラムを次々に打ち出し、イギリスの流行創造センターの役割を果たしているミュージアムがある。

ロンドンのサウスケンジントンで開催された第一回の万国博覧会の翌年、一八五二年にその跡地に、その展示品と収益を活用して創設されたヴィクトリア・アンド・アルバート・ミュージアム（Victoria & Albert Museum）である。以下V&Aと記述する。

6：The Victoria and Albert Museum

人類の誕生から現代までのあらゆるデザインを収集、保存し、その成果を未来のデザインにいかすことをミッションにかかげるミュージアムで、創設時から一人ひとりの暮らしのチカラをみがきあげるための学習サービスを次々に開発して、実践している。現在、500 年前の宮廷音楽が現在の音楽に与えた影響をテーマしたロックコンサートやファッションショーなどが次々に開催され、イギリスの流行発信の拠点として世界から注目されているミュージアムである。

V＆Aは、デザインを創造すること、デザインにかかわる人材を養成すること、そして消費者のデザイン力を育む活動をとおし、一人ひとりの暮らしのチカラを磨きあげることを使命にかかげ創設されたミュージアムである。

V＆Aの調査研究の対象は、ファッションや装飾、ファインアートに限定されない。私たちの暮らしと密着している衣、食、住に加え、しつらえや生活のリズム、さらには物語や社会構想にまでひろがりを持つ。絵画、彫刻、工芸品に加え、宝石・貴金属、建築、アンティック家具、さらにはおもちゃ、家電製品にいたるまで人々の暮らしを豊かにするという視点から収集した膨大なコレクションを活用した学びのプログラムの開発に取り組んでいる。

■流行を創造する新しいミュージアムの挑戦

近年、V＆Aがそのエネルギーを注ぎ込んでいるプロジェクトが、創造的産業を創出するための人材養成と消費者の暮らしを豊かにする学びのコンテンツ開発である。

世界中のファッション業界のみならず、あらゆる分野のデザインの世界で最も注目されているプログラムの一つにV&Aが主催する「ファッション・イン・モーション」(Fashion in motion)がある。それは、V&Aの展示場を背景に、いままでにないひろい視野から、ファッション業界の第一人者が独創的なテーマを設定し、自らプロデュースする個性的なファッションショーである。

二〇一四年の秋に、現代日本のトップデザイナーの一人である山本寛斎が歌舞伎の隈取りをモチーフにしたメイクとサイケデリックな色彩をヒントに、「婆娑羅」という視点から日本の美を表現したショーを開催し、話題を集めたのは記憶に新しい。

若者から注目されている人気プログラムの一つに、これまでミュージアムに足を運んだことがなかった若者たちをターゲットに、彼らにミュージアムプロモーションを企画提案してもらう学習プログラム「ネクスト・ジェネレーション」(Next Generation)がある。若い世代が格好良

子どもの館内たんけんプログラム

衣装と音楽で思いを表現する

いとイメージしているファッションとV&Aのコレクションを縁結びしながら、同じ世代の若者たちにそれまではつまらないと思っていたミュージアムから感動をみつける方法を伝授するそれでは、多彩な視点からミュージアムの魅力を再発見することができるプログラムである。

7：Next Generation

ミュージアムには足を運んだことがない10代の若者たちと向きあい、対話した。そして、彼らの目線でミュージアムで出あう感動やその魅力を仲間に伝えるコミュニケーションペーパーを創作する学習プログラムを定期的に開催している。利用者の視点からミュージアムの魅力や価値を再評価するプログラムは、スタッフにとっても未来へのヒントを提供している。

写真は、デヴィドアンダーソンより提供。

■想像力と創造力を育むミュージアム活動

ＩＣＴを活用した想像力と創造力を育む新しい学びのプログラムの一つに「デジタル・フォト・プロジェクト」(Digital Photo Project) がある。このプログラムでは、デジタルカメラを持った子どもたちが、館内を自由に探検し、収蔵品にふれた感動をデジタル写真に記録する。親子や若者がおしゃべりをしながらミュージアムを元気に走りまわる。

探検を終えた彼らは、編集室で学芸員のサポートを受けながら、記録した感動を編集する作業に取り組む。彼らは、撮影した写真を思い思いにトリミングし、メッセージを書き込み、館内に展示する。

たくさんの夢や感動の足あとが刻み込まれている美のコレクションとデジタルコミュニケーションを縁結びすると、想像力と創造力を育むことができる。

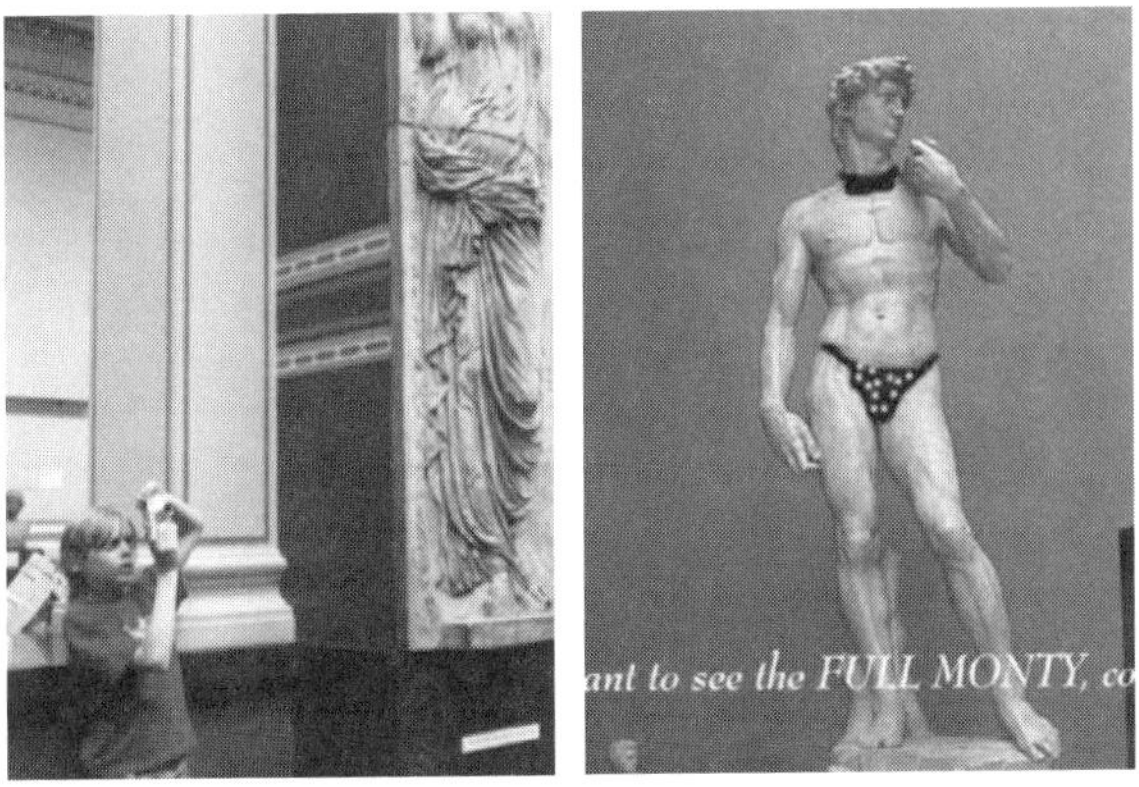

8：Digital photographic projects for children and adults

ミュージアムが持っているコレクションの価値をデジタル・コミュニケーションを活用して、自らのデザイン力をみがきあげる学習プログラムである。コレクションとデジタルを縁結びすれば、一人ひとりの想像力と創造力を育む教材にすることができる可能性をみえるようにしたプログラムである。

写真は、デヴィドアンダーソンより提供。

想像力を育むワンダーランド
大英自然史博物館（Natural History Museum）

■自然史コレクションを未来に

V&Aに隣接する大英自然史博物館でもまた、未来ミュージアムの動きが起きている。一八五一年に開催された万国博覧会の跡地に、V&Aとともに建設された大英自然史博物館は、当初は大英博物館の分館であった。大英自然史博物館（Natural History Museum）が正式名称になるのは、一九九二年になってのことである。

大英図書館が、大英博物館の一部であったのと同じように大英自然史博物館(Natural History Museum)という名称は、最近まで通称であった。大英自然史博物館には、生命科学・地球科学の分野の七〇〇〇万点以上ものコレクションに加え、博物学にかかわる絵画を含む一〇〇万冊を超

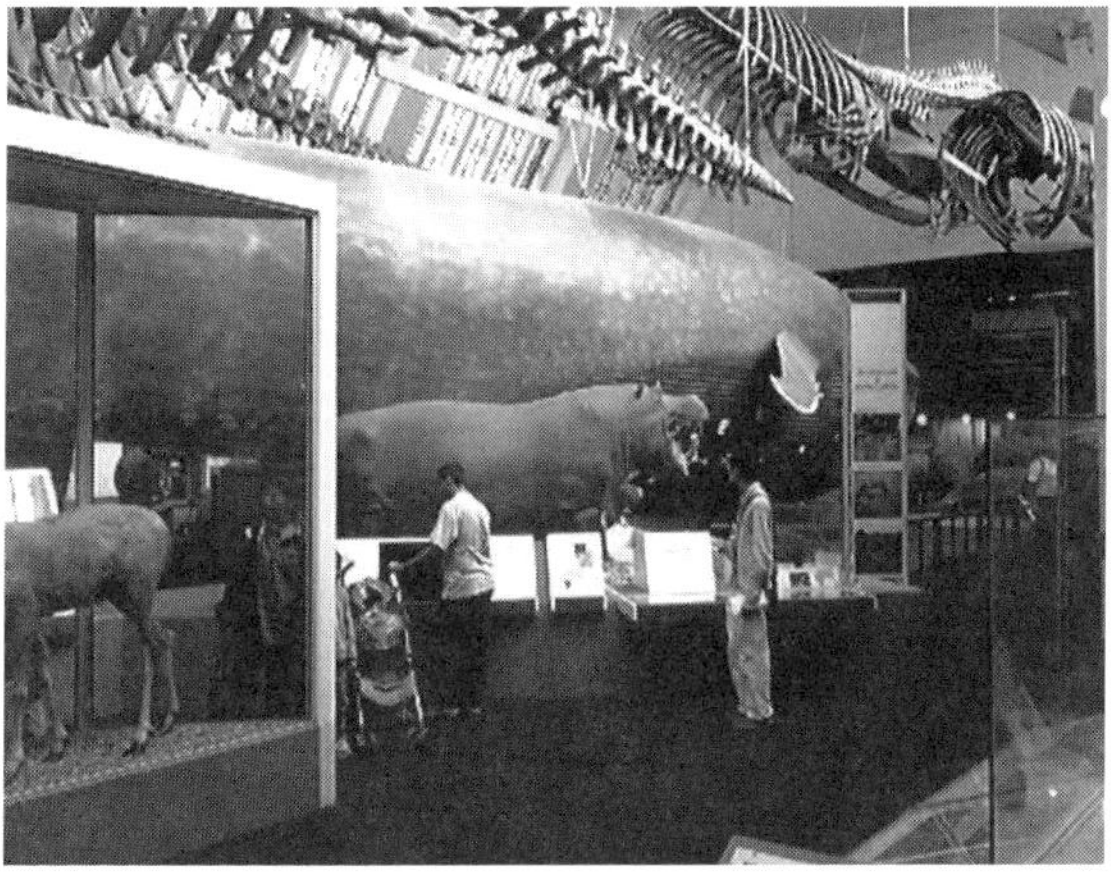

9：Natural History Museum

生命科学・地球科学の分野の7000万点以上ものコレクションに加え、博物学にかかわる絵画を含む100万冊を超える自然科学関係の蔵書コレクションを持つ。チャールズ・ダーウィンの「自然選択説」が誕生する舞台にもなった自然史研究の拠点としての威厳があり、格式の高いミュージアムである。

える自然科学関係の蔵書コレクションがある。

チャールズ・ダーウィンの「自然選択説」が誕生する舞台にもなった自然史研究の拠点としての威厳があり、格式が高いミュージアムである。そのような古典的なミュージアムであっても未来のための取り組みに挑戦し、新しいミュージアム像を提起しようと試みているから驚きである。

■コレクションは想像力を育む道具

その典型的なプログラムを紹介しよう。恐竜エリアに足をふみいれるとユニークなイラストが目にとびこんでくる。読んでみるとそのパネルは、「恐竜が滅びたのはなぜですか」と問いかけがある。

「ウンチを出しすぎて滅びた」「けんかをして滅びた」など想像力あふれる子どもたちの回答がある。それらのパネルは、子どもたちの回答がイラスト化されたものである。

これまで自然史博物館の多くは、自然史研究の基礎的な要素と研究の成果について骨格標本、レプリカ、映像などの形式に編集し、展示する

10：大英自然史博物館の移動企画展ポスター

ミュージアムの使命は､｢夢や感動を育むビジョン」を持ち､｢神話と怪獣」「恐竜」「巨大昆虫」「写真家が１年をかけて記録した自然の営み」など、人々の好奇心を刺激し、夢や感動をリンクしながら縁結びする自然を糸口にした楽しい学びのプログラム開発している。開発したそれらのプログラムを世界中にお届けするプログラムが、移動巡回展である。

活動に主眼をおいてきた。これに対して、大英自然史博物館では、自然史博物館が持っているコレクションを利用者の視点から学びの道具としていかしていこうという視点から新しいコンテンツを開発する動きが起きてきている。

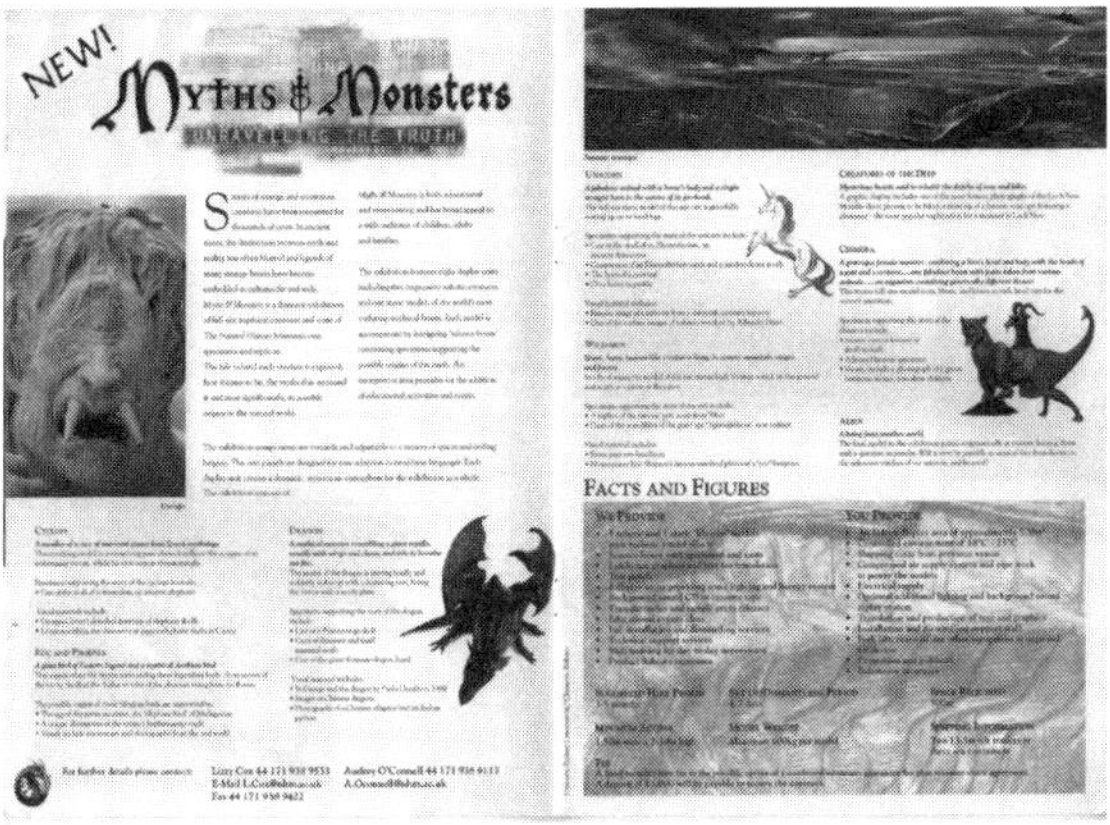
NEW!
Myths & Monsters
UNRAVELLING THE TRUTH
FACTS AND FIGURES

11：移動企画展：モンスター

「一角獣」「雪男」「ネッシー」「人魚」そして「河童」など人々が描きあげた想像上の動物が世界中にいる。想像された動物たちを自然史のまなざしから解明することで、自然史の方法論を学ぶことができる。さらには、人と動物たちのかかわりや生命の歴史の不思議について興味を抱くことができる。

未来ミュージアム3
田園空間ミュージアム
暮らしのチカラを学びに変える

■農村には暮らしのヒントがある

ミュージアムのコレクションは、自然史や工芸品、考古資料などの学術資料に限定されない。V&Aのコレクションテーマの多様性が教えてくれたように、人々の暮らしや生業もまたその対象になる。

自然を知り、自然から学び、自然とともに生活をつくりあげてきた人々のいきるカタチが記憶されている農村には、「食べる」「装う」「しつらえる」暮らしがあり、歴史があり、文化がある。それに加え、いまも現役でそれらの宝物を暮らしに活かし、生き生きと暮らしている人々がいる。

いまも農村に生きたまま遺されているそれらの宝物を、未来からのま

12：まちをミュージアムに

イギリスでは、小さなコミュニティをミュージアムと位置づけ、まちを体験して人とかかわる活動をとおして、暮らしのヒントを探す学びのプログラムに昇華する動きが全国規模で生起している。写真は東海岸のサセックス州の小さなまちルイスの歴史教育の事例である。

なざしで縁結びすると、生きる知恵やチカラを発見する学びに編集することができる。そのような学びをうみだすことができれば、農村の暮らしを商品化し、ブランド化して輝かせることができる。

■一人ひとりが学芸員に

その典型的な成功事例の一つが、農村観光の拠点であるコッツウォルズ地方である。ロンドンから西に二〇〇kmに位置し、中世には羊毛産業で栄えたものの、産業革命とともに過疎化がすすみ、最近まで停滞した農村であった。

一九八〇年代以降、ブリストル大学と地域社会が連携し、一人ひとりの生活者を暮らしのチカラを語ることができる学芸員に任命し、住民と学生がチームを組んで地域資源をいかした学びのプログラムを開発するようになった。

13：カッスルクームのまちなみ

コッツウォルズ地方は、どこにでもある素朴な農村風景を知と学びに結びつけることで、農村ミュージアムにうまれ変わることができた。住民の一人ひとりが学芸員になっている。衣食住をテーマに、訪れる人々の夢と感動を育むはたらきかけをしてくれる。

■ミュージアムグッズであふれるまち

コッツウォルズ地方で最もミュージアム化がすすんだチェッピング・ガムデンでは、数冊の本にとじこむことができるほどたくさんの散策プログラムが創作された。その結果、ふるさとの宝物を誰もがわかりやすく学ぶことができる散策マップが準備されている。散策マップのルート上には、中世の建築物を利用した宿泊施設、ショップが配置され、まちを歩きながら、地域資源を活用したオリジナル商品、サービスを購入することができる。

まちを訪れた人々は、人やモノとの出あいと体験をとおし、そのまちの歴史、文化、人々の暮らしを学ぶことができ、生きるチカラを磨きあげることができるように準備されている。

コッツウォルズ地方では、たくさんのまちがチェッピング・ガムデンのようにまちをミュージアムにする取り組みを競いあっている。その結果、「古きよきイングランド」の代名詞となったコッツウォルズ地方には、世界中から年間一六〇〇万人以上の観光客が訪れている。

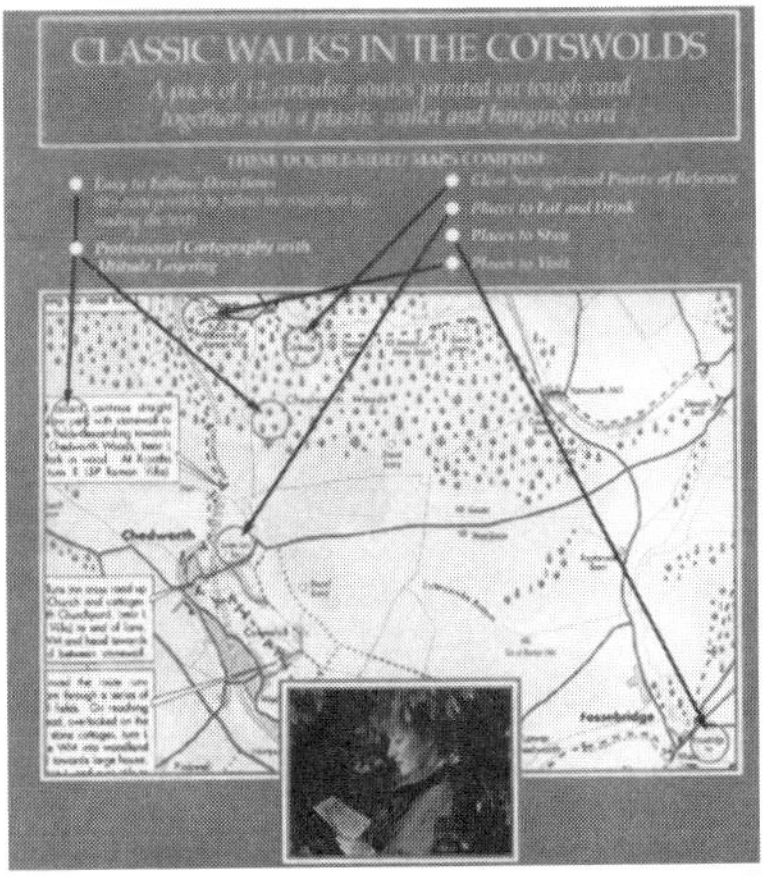

14：コッツウォルズのまち歩きマップ

ブリストル大学の生涯学習部と市民がまちの宝物を探し、ビジターが自由にまちを散策できるマップにした。マップは、それをファイルすると一冊の本ができるようデザインされている。

未来ミュージアム4

産業の記憶をミュージアムに
貧困都市から芸術文化都市へ

■産業都市の宿命

大量生産、大量消費が進んだ二〇世紀は、人々の雇用を生みだす産業を中心に、人・モノ・情報が集まり、にぎわいが形成され、産業を起点にまちが出来あがった。しかし、日進月歩で技術革新が起き、主役の交代が頻繁に起きる産業の世界では、同じことを繰り返しているだけでは繁栄し続けることはない。時の流れとともに、人々の働き方もまちのにぎわいも変化にさらされる。

それゆえ、産業を起点に形成されたまちは、人々の入れ替わりが頻繁になるから、かつてかがやいていたそのまちの文化やコミュニティの消滅も起きてくる。

15：グラスゴーのミュージアムプロジェクト

鉄鋼と造船で産業の時代を牽引したグラスゴーは、失業と貧困を解決するため、過去の富が創造した建造物を活用して文化芸術都市への転換をすすめた。プロジェクトの成功要因は、観光集客ではなく、人への投資する教育活動にエネルギーを費やしたことにある。

そして、最後には、産業の成功で得ることができた豊富な資金を投入して建造した建物だけが遺されてしまう。そのような例は少なくない。

■負の記憶もミュージアムになる

産業のチカラによって歴史に記録されるような繁栄を得たまちにも、工場が排出する煤煙で空を見ることさえできなかった負の遺産だけが遺されてしまったまちにも、ともに歴史があり、物語があり、都市の文化がある。

産業と都市の宝物を未来からのまなざしで縁結びすれば、科学技術と環境問題を考えさせる学びのプログラムをつくることができる。格差と貧困のそれをつくることもできる。繁栄がつくりあげた豪華な建造物を建造芸術、文化といった彩りに衣替えすることで、美やアートを育む場につくりかえることもできる。

産業革命の発祥の国であるイギリスであるからこそ、このような視点を持ち、産業をミュージアム化する動きが起きている。

■まちのミュージアム化で再生したグラスゴー

基幹産業が衰退したまちでは、地域経済が崩壊し、失業、貧困などの社会問題が顕在化し、まちには沈滞ムードが蔓延する。そのような事態におちいってしまったまちが試みなければならないはじめの一歩は、そのまちの生活者が未来へ夢や希望を抱くようにしてあげることで、そのまちで生活することに喜びを感じさせることにある。

その成功事例がまちのミュージアム化をすすめたことで、かがやかしい成果をおさめているグラスゴーである。一九世紀に鉄鋼と造船により、スコットランド最大の産業都市として発展したグラスゴーは、一九七〇年代に貧困と失業のまちとして負のイメージがすっかり定着した。

一九八三年に市は、それまでのイメージを一新し、未来への希望を育むことを目的に、「世界の人々に愛され、世界の人々を集客する芸術・文化都市へ」をスローガンに掲げ、美と文化による都市再生に取り組みはじめた。

プロジェクトの第一歩は、景観保護と歴史的建造物の活用からスタートした。ビクトリア時代に建設された建築物を再生してミュージアムに変えた。旧王立証券所は、近代アートギャラリー(Gallery of Modern Art)に、旧市庁舎は(Kelvingrove Art Gallery and Museum)ミュージアムとギャラリーに生まれ変わらせた。

現在、グラスゴーにある代表的なミュージアムとしては、ケビングローブミュージアムギャラリー（Kelvingrove Art Gallery and Museum）グラスゴー近代アートギャラリー(Gallery of Modern Art)、リバーサイドミュージアム（交通博物館）（Riverside Museum）、バレル卿コレクションミュージアム（the Burrell collection）、グラスゴー市民のためのミュージアム（People's Palace）、セント・マンゴー公爵のミュージアム（St Mungo Museums of Religious Life and Art）、スコットランド・ストリート・スクール博物館（Scotland Street School Museum）、プローバン公爵の歴史的建造物群（Provand's Lordship）がある。

そして、芸術、歴史、建築、デザイン、そして産業の記憶にかかわる規模の大きなミュージアムが充実し、まちそのものが、訪れる誰もが知の成長を育むことができるミュージアムとして整備されている。

■ミュージアムの学びの資源を共有する

まちそのもののミュージアム化を推進するため、グラスゴー市は、市民が個々のミュージアムが持っているコレクションや学びのコンテンツを共有できるようにし、グラスゴーで学んでみようという気にさせるとともに、ミュージアムを活用した学びを支援するためにミュージアムセンター（Glasgow Museums Resource Centre）を設立した。センターではあらゆる人がグラスゴーへの興味関心を抱くことができるように、個々のミュージアムではできない多彩な企画や学習サービスの開発に挑戦し、利用者一人ひとりの知の成長を促す学習支援を実施している。

■市民の知の成長を促すミュージアム

グラスゴーのまちのミュージアム化は、既存のミュージアム施設の充実に限定されない。グラスゴーで事業をしている企業、生活者がビジネスや暮らしのミュージアム化に参画する必要がある。

そのためには、グラスゴーのミュージアムが持っている魅力に気づいてもらうとともに、これからミュージアムになりうる可能性があるグラスゴーの地域資源に気がついてもらう必要がある。

グラスゴーの一人ひとりの生活者と企業は、ミュージアムが持っているコレクションはもちろんのこと、ミュージアムにある学びのコンテンツになる可能性があるモノやコトについて知らなければならない。そのために創設された機関がOpen Museumである。

ハード事業とソフト事業が相乗効果を発揮することで、グラスゴーはミュージアム都市として成果をあげている。

第8章　創造的産業とミュージアムの役割

■新しい経済社会と創造的産業の可能性

二〇一三年ユネスコは、「創造経済レポート」（Creative-Economy Report）を発表した。そこでもまた創造的産業や文化起業家が新しい富をつくりだす可能性が具体的に提示されている。

創造的産業と文化起業家が世界中から注目されるのは、これまでのビジネスと異なり、コトを起こすための初期投資が不要で、未来への志と創造力があれば、誰もが自由に参画でき、持続させることができるプロジェクトであるからである。

創造的産業や文化起業家の出現は、地球的視野で人と人を結び、先進国と途上国、富裕層と貧困層などの格差を解消する可能性をひめているからである。

■経済アナリストから文化起業家へ

元ゴールドマンサックスのアナリストとして日本の金融再編に影響力を与えた在日イギリス人デービッド・アトキンソンは、日本の国宝・重要文化財を修復する株式会社小西美術工藝社の経営者に転身した。

■アートと集客観光のアプローチ

もはや世界的な趨勢となった創造的産業や文化起業家の養成であるのだが、現在日本では、それとはまったく別の次元でキーワードだけを借用した二つのアプローチが存在している。

第一は文化庁とスポーツ庁などが主導するそれで、美術作品、公演芸術といったアート、スポーツイベントに加え文化財を中心に文化価値を普及するための産業を創造しようという動きである。

そこでは、鑑賞というスタイルを中心に、アートや文化財の価値を訴求し、その分野の産業を支援成長させる動きになっている。

これに対して、既存の観光事業や集客、サービスに文化的な付加価値、さらには「もてなし」という日本独自の接客を加えることで新たな付加価値をうみだす観光サービス事業を創造しようという経済産業省と観光庁の動きがある。

■新・観光立国論とミュージアム

『新・観光立国』（東洋経済新報社）で、デービット・アトキンソンは、日本が世界有数の観光大国になる可能性を示し、二一世紀の「所得倍増計画」を提起している。アトキンソンが提起しているそれは、日本の文化や文化財に共感し、それを楽習する観光で、「日本版ミュージアム国富論」である。

■失われたミュージアムの思考

ここまで述べてきたことからもわかるように、創造的産業は、スポーツでも、芸術でも、集客産業でも、現代の日本人がイメージする観光サービス業でもない。創造的産業を担う文化起業家はアーティストでも、アートディレクターでも、集客ビジネスのスタッフでも、おもてなしをするサービスエンカウンターでもない。

創造産業は学びを核にした新しい文化交流産業である。そして文化起業家とは、未来からのまなざしで、地域資源に光をあて、学びのプログラムをうみだす人材である。

すなわち、ミュージアムプロジェクトそのものが創造的産業であり、それを担う人材が文化起業家である。

ミュージアムのまなざしで日本と世界を比較してみると、日本のそれはそれぞれが管轄している省庁のまなざしから構想された事業モデルであることがみえてくる。そして、そこには、未来へのビジョンや文明のまなざしが欠落していることがみえてくる。

■サービスとおもてなしの誤解
アトキンソンは、情緒的サービスに偏重したおもてなしや地域ブランド、サービス、爆買いなどの日本特有の観光現象を世界の観光とはかけはなれた非常識とみなし、日本の観光政策とビジネスを厳批判する。

■未来がみえない東京オリンピック

日本は、二度目になる二〇二〇年の東京オリンピックの招致に成功した。二〇一二年のロンドンがそうであったように未来のビジョンを提起し、世界中にプロモーションする機会を手にいれることができた。

オリンピックを成功裡に推進していくためには、ロンドンがそうであったように創造的産業を起こし、文化起業家の養成からコトをすすめる必要がある。

しかしながら、オリンピック開催まで四年を迎えた現在、道路や鉄道などインフラの再整備を中心にした公共事業は提起されるものの依然として二〇二〇年の東京オリンピックのビジョンや世界に発信するメッセージを提起することができないでいる。

競技場のデザインやエンブレムのデザインが国民的な議論を派生させてしまい、くつがえされてしまうのは、東京が、そして日本人がこれから先の未来にどのようなビジョンを持ち、すすんでいくかというコンセプトが決められないからである。

一九六九年に開催した東京オリンピックから半世紀しかたっていないため、高度成長時代の成功体験を払拭できないままコトがすすんでしまう。その結果、既得権と社会の動きの間で複雑な摩擦が起きモノゴトを先にすすめられないでいる。

■東京オリンピックにミュージアムのまなざしを

いま日本が直面している危機は、文明史的な転換からもたらされている課題である。それに対処しようとするなら、目の前の課題を処理するアプローチとは一線を画し、長期的な視野にたち、戦略的思考を働かせる必要がある。そのためには、ミュージアムのまなざしで、いまある課題を再評価しながら、未来をデザインする手順でコトをすすめなければならない。

「ミュージアム国富論」を世界に提起するためのロンドンオリンピックの実現にDCMSが果たした役割は圧倒的に大きなものがあった。すなわち、DCMSという新しい未来型の組織があったことで、それまでのイギリスがすっかり忘れていたミュージアムの視点で教育、文化、経済を組み替えることができたといえるだろう。

明治のはじめに、田中芳男が構想した産業振興モデルでは、文部科学省、経済産業省、農林水産省、東京大学農学部と工学部はミュージアムを起源に誕生している。地域資源の発見と活用、そして人づくりを組みあわせたミュージアム活動を起点にした取り組みからコトをスタートさせたそれは、DCMSと重なる部分があまりにも多い。

そのように考えてみると、いま日本社会が直面している危機を回避するためには、かつてあったミュージアムのまなざしを取り戻さなければならないことがみえてくるはずである。

第Ⅲの扉

図書館未来学

まちに知と学びをふり注ぐ、親しみやすい小さな図書館が人をみがきみんなの幸せを育む。

冠岳区のセマウル文庫の前で会話する親子

韓国の首都ソウルに貧困と格差に悩んでいる冠岳区というまちがある。まち中に「知と学び」をふり注ぐことで格差の解消をめざし、誰もが歩いて気軽に使える「小さな図書館」を次々に開設した。そして、まちをあげて暮らしと本をリンクするための働きかけを行っている。いま、冠岳区では、子どもたちは放課後になると図書館に直行する。

第9章　あしたのための図書館

■地域社会の知の拠点とは

近未来に訪れる「人口減少社会」では、生産力が縮小する一方で、社会サービスは増大し続ける。その結果、現在でも一〇〇〇兆円を超え、危機的状況にある財政赤字はさらに深刻化し、自治体の消滅という事態が予想されている。現在、あらゆる分野で負のスパイラルに突入してしまった我が国の経済社会では、行政が抱え込んでしまった社会サービスを民間に委託し、スリム化しようという試みがすすんでいる。

そのような潮流にあって、開館時間を延長したり、カフェスタイルを導入したりするなど民間の視点をとりいれた新しいタイプの公的な図書館が次々に誕生している。

その中でも特に、カフェと書店に加え、レンタルビデオ店が共存する

■指定管理者制度
平成一五年（二〇〇三年）の地方自治法改正に伴い、地方公共団体が設置する文化施設などの公の施設の管理、運営を株式会社やNPOを含む民間事業者に行わせることができる制度。図書館や博物館のそれは、自治体のコストカットを図るため民間に委託しているケースが圧倒的に多く、受託した事業者は少ない予算での運営を余儀なくされている。そのため、受託企業、団体は未来への投資や人材養成という事業に取り組むことができない。

新しい図書館のスタイルを提起したカルチュア・コンビニエンス・クラブ（ＣＣＣ）が運営する武雄市図書館（佐賀県武雄市）は、いままでにない公的な図書館の理念と使命を提起し、それを推進した事例として全国的に注目され、地域社会と図書館のあり方をめぐる侃々諤々の議論を引き起こすことになった。

これまで公的な図書館を担ってきた関係者の多くは、ＣＣＣの図書館運営に疑義を提している。ＣＣＣのそれは、「地域社会の知の拠点」としてその役割を果たすという視点がないという。彼らが問題視しているのは、選書やレファレンスなどにかかわる専門人材の配置が不十分で、公的な図書館が果たさなければならない最低限度の基本的な水準を満たしていないことにある。

一方、ＣＣＣの一連の取り組みに賛意を表明する関係者は、公的な図書館としての基準以前に、これまで図書館とは縁がなかったより多くの人々に足を運ばせた功績、すなわち人々をひきつけた新しい本の展示方法と多彩なプロモーションなどの集客サービス戦略を評価する。

■武雄市図書館
正式には、武雄市図書館・歴史資料館の図書館部分を指す通称である。二〇一二年に従来の図書館像にしばられない「新・図書館構想」を掲げて株式会社TSUTAYAの経営母体であるカルチュア・コンビニエンス・クラブが初めて企画・運営に取り組んだ図書館である。

熟練した司書による選書やレファレンスよりも先に、人々に本を手にとってみたいという気にさせ、知の入り口に誘う一連の活動がなければはじまらない。それゆえ、人々を誘う本の展示方法や集客サービス戦略があってはじめて、「地域社会の知の拠点」という役割が果たせると主張する。

このように、あまりにもかけ離れた理念をかかげ、異なるスタイルで経営されている施設が、まったく同じ図書館という名称を使い、ともに「地域社会の知の拠点」を目ざそうとしているのだから、その溝はうまらないばかりか、対立はますますエスカレートする。

■図書館と地域社会の未来のカタチを考える

理念も経営スタイルもまったく異なる図書館にもかかわらず、同じ公的な図書館として存立してしまうのは、人々が図書館に対して抱くイメージが多様化しているからである。その背景には、情報社会が進展し、人々にとって知や学びの意義や価値が大きく変わり、図書館法や図書館学が想定していなかった新しい学びのスタイルが誕生しているからである。

二〇世紀までの学校教育では国語、数学、理科、社会、芸術などの科目を設定し、教科書を活用して一斉授業で学ぶというスタイルの学びが主流をしめていた。

しかし、あらゆる人々が、スマホを持ち歩き、いつでも、どこでもありのままの感動を記録し、その感動を人に伝えることができるいま、そのスタイルもコミュニケーションのあり方もともに劇的に変わろうとしている。

文字を中心としたコミュニケーションから文字と映像、そして音声を組みあわせたコミュニケーションが主流になろうとしているいま、教科に整理された学校教育の学びのスタイルに代わり、あらゆるモノゴトをリンクし、知と感性を結びつけながら成長を育む学びのスタイルへの転換が起きている。

そのような社会的背景があって、イギリスの「ミュージアム国富論」

■新しいリテラシー
これまでの国語、算数、理科といった科目は、文字を読む力、書く力、論理を体系化するチカラを中心に組みたてられたものである。デジタルコミュニケーションでは、それに代わる新しい学びのチカラが必要になる。それは、次の六つのチカラに集約できる。①ビジュアルなものを読めるチカラ、解釈できるチカラ、②話すチカラ、③社会的な経験を学び体得するチカラ、④人と相互に作用することができるチカラ、⑤社会に参加するチカラ、⑥クリエイティブなチカラである。

がそうであるように、ミュージアム、出版、メディア、観光など学びにかかわるあらゆる分野がチームを編成して新しい学びのコンテンツを創造するためのプロジェクトが地球規模で生起している。

■ミュージアムのまなざしで図書館を定義し直す

人々の価値観や生活スタイルが変わる歴史の転換に直面している現実を直視れば、一九世紀に誕生した図書館の基本的な考え方や図書館法が規定するそれや二〇世紀の成功体験を相対化してみる必要がある。

今ある文教行政や図書館法の枠組みにとらわれないでもっと大きな視座で社会や教育のあり方を構想しながら、図書館にかかわる概念規定にまでふみこんで未来を描きあげるアプローチをしなければならない。

以上の視座にたって、ミュージアムのまなざしをとりもどして、新しい図書館のカタチをみてみることにしよう。

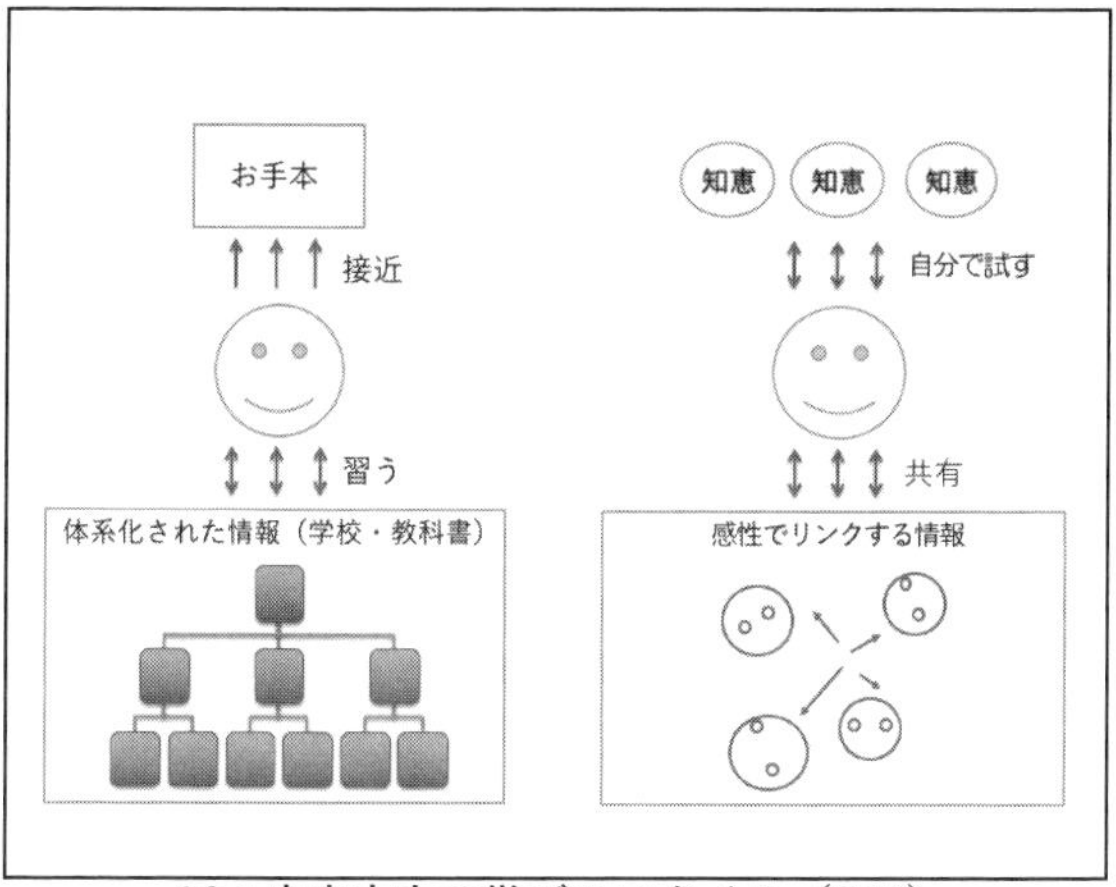

16：未来志向の学びのスタイル（016）

19世紀から20世紀までの経済や産業を中心に動いていた社会では、体系、整理された知や情報にアプローチする活動が学びであると理解されていた。21世紀を迎え、情報社会が進展すると、それぞれの興味関心がリンクし、人とつながりながら、知を成長し続けるアプローチが学びであるという考え方が定着するようになってきている。

■本は知のシンボル

博物館も図書館もムセイオンを起源に派生した社会装置である。ゆえに、近代ミュージアムの発祥の国であるイギリスでは、つい最近の一九九八年まで大英図書館（The British Library）は大英博物館（The British Museum）内に設置されていた。森羅万象の不思議や感動を収集し、その成果を記録した本もまた博物館の資料と同じコレクションだからである。そうであるからこそ、本は、保管収蔵されるべき知のシンボルである。それゆえ、世界中で本をめぐり、知を奪いあう教会と権力者のドラマがくりひろげられてきた。

ガイウス・ユリウス・カエサル（Julius Caesar）によって焼き払われてしまったムセイオンに心を痛めていたクレオパトラⅦ世に、ローマ帝国のアントニウスが、ベルガモンの図書館をプレゼントして、恋を成就させたエピソードは、エリザベス・テーラーが演じた映画「クレオパトラ」のシーンにもなっている。

世界的なベストセラーになり、ショーン・コネリー主演の映画にもな

■ベルガモンの図書館

ペルガモン王国（前二四一～前一三三）アッタロス朝第二代国王エウメネスⅡ世と第三代アッタロスⅡ世が創設した図書館で、最盛期には二〇万巻を所蔵していた。プトレマイオスとエウメネスの両王が文献の収集を競いあい、エジプトがパピルス紙の輸出を禁じたため、羊皮紙の書籍が生産された。

った記号学の第一人者であるウンベルト・エーコがその方法論を駆使して描いた小説『薔薇の名前』では、一四世紀の北イタリアのカトリック修道院の図書館が舞台になる。

それは、アリストテレス『詩学』第二部の書物をめぐる事件を知の推理を駆使して解き明かす構成となっている。物語の中で描写された中世の世界では、本は、知を生み出す源泉と考えられ、司書たちが大切に選別し、守り、複写生産していた。

それまでは権力者や修道院が保管、管理していた希少な本が大衆に普及するようになるのは、一五世紀まで待たなければならない。聖書とヨハネス・グーテンベルクが開発した活版印刷術が結びついて本の大量生産が可能になった。そして、生きるチカラをみがきあげようという思いにかられた人々が、知識や情報を求め、本を手にとり、本とかかわるようになった。

そのことが、ルネサンスと科学革命を推進する原動力となったのはいうまでもない。

■薔薇の名前
記号学の泰斗ウンベルト・エーコが記号論を駆使して一九八〇年に発表した小説で国際的なベストセラーになる。一九八六年にショーン・コネリー主演、ジャン＝ジャック・アノー監督の作品として映画が完成し、世界各国で公開された。

■ミュージアム・コミュニティの誕生

一八世紀に地球を探検し、見知らぬ土地で収集した知や感動を持ち寄り、それを人々と共有する多様なスタイルのミュージアムが形成されるようになり、ミュージアムの存在が人々の知の成長に貢献するようになった。その典型的な場がコーヒー・ハウスである。コーヒー・ハウスでくりひろげられる知識や情報の交流から、新聞や小説に加え、保険という経済活動を支援する新たな仕組みが誕生することになった。

そして、一八世紀のイギリスでは、多彩な知のコミュニティが形成され、人々が持っているモノや本をコレクションとして公開する会員制のミュージアムが次々と誕生するようになる。そういう歴史を経たうえで、会員制の組合図書館、都市図書館が開設されるようになった。

■図書館は学校教育の道具

このように、一八世紀に自然発生的に誕生した自由な学びのスタイルは、一九世紀になると一変してしまう。社会の産業化と帝国主義が進展し、それに対応して学校教育という制度が創設され、強力な社会装置として普及するようになる。そこでは、国家が管理した知識を人々にあまねく啓蒙する学びのスタイルが主流となる。そして、本は正しい情報を伝え、スキルを磨く道具とされた。図書館は、学校教育を補完するための施設として位置づけられることになった。

印刷出版された本を整理分類することで、誰もが共有できるように、無料でサービスをするという現代の図書館のスタイルが確立したのはこの時代からである。

■失われたミュージアム

歴史の流れを視野にいれると、いま日本で議論されている図書館の枠組や図書館法の精神が決して普遍的なものではないことがみえてくる。福沢諭吉が感動し、明治政府が積極的に導入した図書館、すなわち現代の図書館の理念として提起されているそれは、印刷出版された本を整理し、貸出しする活動をとおし、学校教育を補完する一九世紀の図書館のスタイルである。そこでは、知のシンボルであった視点やその来歴が同じであるミュージアムのまなざしは忘れられてしまっている。

それゆえ、日本の図書館の多くは、一八世紀まで自由な学びのスタイルでコミュニティを生み出す活動にふみだせないでいる。すなわち、森羅万象の不思議や感動を記録した「本」、それを共有するために書写して収蔵した「本」、人とモノと結びつき新しい知の誕生にために活用された「本」、すなわち大英博物館が収蔵し、公開している「本」やそれにかかわる活動にふみだすことができないでいる。

公的な図書館もCCCが運営する図書館も、いずれものケースも、学校教育を中心に形成された教育システムを補完、支援する情報サービスに終始している。現在の日本の図書館をめぐる議論には、ミュージアムとしての図書館が持たなければならない社会をデザインし、知を創造するという視点はすっかり忘れられてしまった。それゆえ、図書館は未来のための活動にふみだすことができないでいる。

17：コーヒーハウスはミュージアム

コーヒーハウスと言うと現代の日本人は、「スタバ」や「カフェ」をイメージしてしまうが、17世紀末から18世紀初期のロンドンやオックスフォードに出現したコーヒー・ハウスは、泥棒から政治家までが出入りする「人間のるつぼ」であった。コーヒー・ハウスを舞台に、人・モノ・情報が出あい、結ばれ、新聞、小説、保険、そして政党という近代社会に欠かせない道具が誕生している。コーヒーハウスは、流行を創造する社会装置であり、まぎれもなく私たちが定義する未来志向のミュージアムである。

小林章夫『コーヒー・ハウス』（講談社学術文庫）より

第10章　人にやさしい図書館

■格差と貧困のまちのあすへの挑戦

ミュージアム未来学のまなざしにたって、貧困と格差を解決する社会デザインとして「新しい図書館」のあり方を構想し、地域づくりに取り組んでいる具体事例を参考に、これから先の富の未来について考えてみよう。

この章では、現在ソウル特別市の冠岳区というまちが取り組んでいる社会デザインの事例研究を中心に話をすすめていく。冠岳区は、図書館を起点に、人々に知と学びをふり注ぐ地域活動を推進することで、地域社会の貧困と格差の解消を目指すプロジェクトすなわち、「人にやさしい図書館」（ヒューマンライブラリー）を展開している。

はじめに、冠岳区について述べておこう。冠岳区は、一九七〇年代に

18：貧困に直面する冠岳区

ソウル特別市の西南にある自然豊かな郊外の住宅地であるが、1960年代にはタントルネ（月のまち）といわれる大規模なスラム街が形成された。1990年代後半の再開発で、そのほとんどを賃貸マンション団地に転換する施策を実行にうつした。ところが、行くあてのない貧困層が自然発生的に住みつくようになり、巨大な貧民村が形成されてしまった。

ソウル特別市の郊外、冠岳山、道林川に囲まれた郊外型集合住宅地として開発された。一九六五年にソウル大学が移転し、五三万人の人口を要している。

しかし、国際観光都市として躍進著しいソウル特別市にあって冠岳区は、住宅の老朽化と高齢化が進展し、財政状況も社会保障も脆弱な状態にある。失業や経済格差という深刻な社会問題をかかえ、貧困に苦しんでいる。

図書館を起点に人をみがく社会活動を展開することで、貧困と格差の解消につなげることができるという問題意識を持つ社会デザイナーであり、政治家でもある柳鍾珌が、二〇一〇年に市長に就任し、歩いて一〇分の距離に、コンビニエンスストアのようなタイプの「小さな図書館」をたくさん設置し、地域社会に「知と学び」をふり注ぐ活動がスタートした。

冠岳区の基礎データ	
1 面積	29.57 ㎡（ソウル市の 4.9%）
①住宅地	15.39㎡
②商業地	0.44㎡
③緑地	13.74㎡
2 人口	547,311 人（世帯数：241,873）
3 財政規模	323,473 百万ウォン（30,775,544,693 円）
①一般会計	307,237 百万ウォン（29,195,503,162 円）
②特別会計	16,236 百万ウォン（1,542,842,136 円）

19：冠岳区の概況

ソウル市の西南部に位置する冠岳区は、冠岳山に抱かれ、まちの中央を道林川が貫いている。冠岳山を含む区全体面積の約 6 割が自然緑地で、宅地開発がすすんだ。1975 年には、冠岳山の山肌に沿ってソウル大学校が移転している。区内をソウルメトロ 2 号線が縦断し、落星垈駅、ソウル大入口駅、奉天駅、新林駅の4つの駅がある。

■図書館を起点にした社会デザイン

はじめに、このプロジェクトを構想した区長の柳鍾珌についてふれておこう。柳鍾珌は、ＩＣＴを活用し、若者の政治参加を促すことに成功し、盧武鉉政権を誕生させた政治家であり、プロデューサーで大統領報道官の公職に就くことになった。政権誕生後は、その迷走に失望し、政権から離脱し、大韓民国国会図書館長に就任する。在任中、世界の図書館の視察と交流を重ねながら、次の社会を構想するためのビジョンとデザインをみがく思索にふける。

柳鍾珌は、パリのまちを散策していた時、年老いた女性が経営している小さな古本屋で子どもたちが元気に活動している姿をまのあたりにする。そこでの出あいをヒントに、まちのすべての子どもたちに「知と学び」をふり注ぐ環境をうみだすことで、貧困と格差の社会問題を解決できるのではないかという社会デザインを構想する。そして、描きあげた構想を実現するために、二〇一〇年に格差と貧困を抱えた冠岳区の区長に出馬し、就任する。

■世界図書館紀行
人類最初のミュージアムであるエジプトのアレクサンドリア図書館を起点に、近代の知の収蔵庫である大英博物館、市民の日常と密着したボストン公共図書館、ドストエフスキーの魂が眠るロシアの図書館、司書から政治家になった毛沢東が知を磨き構想した北京大学図書館など世界一四カ国五〇の世界の博物館図書館がとりあげられている。それらの博物館図書館を訪れ、時空を超える知の冒険をくりひろげることで、一人ひとりを知の成長へ誘う新しい図書館での学びのスタイルを提起する同時に、図書館を起点に未来を構想するためのヒントを提起する。

20：人への投資で社会を変える

2010年、ミュージアムやライブラリーに精通した社会デザイナーであり、政治家でもある柳鍾珌氏が、「人に投資する知の福祉」をかかげ市長に就任した。誰もが歩いて10分で行ける場所に小さな図書館をつくり、図書館を起点に住民の暮らしを変え、新しい未来を創造する学びのプログラム、すなわち「人にやさしい小さな図書館」活動を展開し、めざましい成果をあげている。市政パンフレットの初めの1ページ目のChangeは、人への投資するまちの未来を表現している。

彼が選挙の際に市民に約束した、マニュフェストを引用してみよう。

冠岳区は、知識と文化を通して明るい未来を切り開き、子どもたちが健やかで幸せに夢を育て、雇用があふれ、希望に満ちた暮らしを享受でき、いつでもどこでも便利な行政サービスが受けられるまちを目指します。

これに向けて、最も必要なことは人に投資することです。私は冠岳区を「図書館天国」にします。本は革新とアイデアの宝庫で、知恵の灯台です。歩いて一〇分の距離に図書館をつくり、どなたでもご利用いだける図書館ネットワークを通して、住民の暮らしを変え、新たな未来をつくっていきます。

皆様にお約束した「人間中心の冠岳特区」は、区民の皆様に参加いただき、コミュニケーションしていいただいて、可能になります。人間が中心となる幸せな冠岳区づくりに、区民皆様の力を結集していいただき、積極的な参加をお願い申し上げます。

筆者と懇談する柳 鍾珌 冠岳区長

冠岳区庁舎のエントランスを図書館に

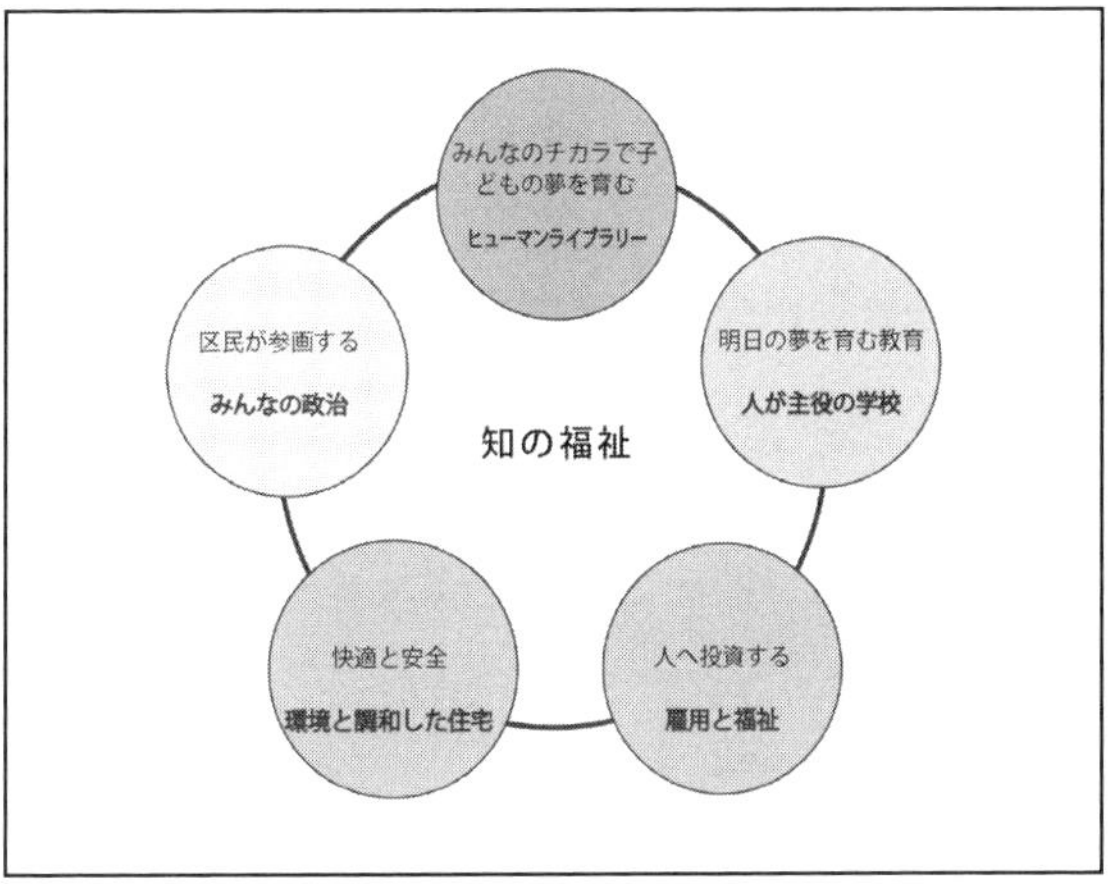

21：冠岳区の５つのビジョン

冠岳区は、「人へ投資する」＝「ふるさとの子どもの夢をみんなで育てる」という核になるビジョンを提起し、それを実現するために、「知識と文化」「学校と教育」「雇用と福祉」「安全」「ガバナンス」５つの政策目標を設定している。

■本と暮らしを結び知と学びをふり注ぐ

ここには、一人ひとりの生きるカタチにまなざしをあてた新しい「知と学び」による人づくりの理念が記されている。まち中に、いつでも、どこでも、学びのきっかけを働きかける「小さな図書館」、すなわち、人々の知を刺激する学びがデザインされ、それをはたらきかける人がいる新しい図書館のスタイルが記されている。

そして、それは、学びにより知を生み出し、それを使いこなしながら限りなく成長し続ける未来を描く人という視点から組みたてられた新しい社会デザインになっている。

彼の社会デザインを一つずつ生きたカタチにしている冠岳区では、人々が集まる市役所や公園に、中心市街地の空き店舗に、駅やバス停に「小さな図書館」が次々に出現している。そして、「小さな図書館」は、「靴をぬいであがる図書館」「健康づくりの図書館」「詩と音楽が流れる図書館」「子どもと遊びの図書館」などそれぞれの生活場面とリンクするユニークな専門図書館で構成されている。

冠岳区子どもと遊びの図書館

冠岳区バス停図書館

冠岳区では、生活に密着した「小さな図書館づくり」をとおして、地域社会でふるさとの子どもを育てる志とノウハウを磨きあげる活動が次々に誕生している。そして、一連のプロジェクトが進展していくとともに、社会的起業家を志す人々も出現し、新しい人づくりの仕組みが出来あがりつつある。

小さな図書館に希望図書を配送する

冠岳区のユビキタス図書館

第11章　図書館の発想を超える図書館構想

■規制を外せば図書館は設置できる

失業と貧困に悩まされる冠岳区は、「人にやさしい図書館」を実現するための財政の余力はない。新たな図書館の建設や規模の増大はいうまでもなく、本の購入さえもままならない状況にあった。

区長に就任した柳鍾珌は、これまでの図書館とは別の次元から知と学びをふり注ぐ交流の場を創造する視点にたち、コストをかけないで、「人にやさしい図書館」を設置できる可能性を模索し、その実現に向けて舵を切った。

プロジェクトを実現するためには、まずはじめにこれまでの図書館の枠組みにとらわれないで仕事ができる人とアイデアを結集しなければならない。そのためには、プロジェクトに民間からの人材の活用を想定し

22：落星垈山公園図書館（靴をぬいであがれる図書館）

高麗時代(918 ～ 1392 年)の英雄である姜邯賛将軍を称えるためにつくられた公園。毎年、10 月には将軍の護国精神を称える追慕祭が開かれ、美しい雑木林の森を散策する散歩路が整備されている。人々が集うこの公園に、靴をぬいであがれる小さなコンテナタイプの図書館を建設した。図書館の面積は、46㎡、わずか 10 席の閲覧席ではあるが、歴史、旅行、健康図書など 3654 冊が配架収され、人々に利用されている。

住所は、落星垈洞 228　落星垈洞公園内

て、多様な人材がかかわることができる仕組みづくりに動き出した。

そこで、彼が着目したのが、これまでひろい意味で地域社会の「知と学び」にかかわる仕事をしていた小さな書店、貸本屋、セマウル文庫などの取り組みとそれを担ってきた人材であった。

在野にある民間の知恵とチカラを活かし、彼らにやる気になってもらうことで、そしてもっと学んでもらうことで、冠岳区が目指している図書館のレベルにまでひきあげるアプローチを選択した。そして、彼らに「人にやさしい図書館」への参加を働きかけるための組織と仕組みをつくるプログラムづくりに着手した。

■セマウル文庫
朴正熙大統領時代に、日本統治時に朝鮮総督府が進めた農村振興運動をモデルにした韓国の地域開発運動。その過程で、コミュニティ単位の小さな図書館が設置され、日本の子育て支援や学童保育的な活動を実施している。

■共感者による組織づくり

次に、「人にやさしい図書館」を支援し、事業をコーディネートする担当部署として知識文化局に図書館課を設置した。さらに、首長自らが図書館課が取り組む六つの重点政策を描き、プロジェクトの理念を理解し、その活動に共感する六名のスタッフを結集した。

区長が自ら書きあげて提起した六つの重点政策は、教育界や図書館の世界からはけっして出てこない政策課題である。

■生活者の視点から小さな図書館を

プロジェクトを実現するため、新たに採用された六名のスタッフは、利用者の視点にたって、いつ、どこに本があれば楽しめるかを考え、まち中を歩き、生活者と語りあった。

「小さな図書館」を設置することで、かがやきを増すことができる場所を選び、それを次々にカタチにした。そして、「小さな図書館」をネットワークして、利用者からリクエストのあった本の配送システムを開発した。本と生活を結びつけ、あらゆる人に本を読んでみたいと思わせる雰囲気をつくる学びのデザインを開発した。

ラッシュアワーに本が読めるように、区内の二カ所のバス停に五〇冊規模の小さな図書館を設置した。公衆トイレに詩と音楽に出会うことができる「詩と音楽が流れる図書館」を設置した。

■6つの重点政策
①図書館の中長期発展計画を樹立する。②誰もが歩いて一〇分の距離で行ける「小さい図書館」を拡充する。③セマウル文庫などを活用した「小さい図書館」を充実する。④本の購入にあてる予算ではなく、それを活用し、動かす活動に予算を配分する。⑤誰もが本を読んでみたいと感じさせる雰囲気をデザインする。⑥地域図書館資料を統合し、誰もが自由に利用できるサービスを開発する。

放置されていた冠岳区山都市自然公園の旧切符売り場を改装して設置した詩の専門図書館「冠岳区山『詩』ーの図書館」を設置した。ソウル市指定文化財である姜邯賛将軍生家の落星垈公園の空きスペースにコンテナを利用して設置した移動図書館を設置した。区民総合体育センター内の廊下と空きスペースを活用して、ブックカフェスタイルの「本憩いの場」などを次々に設置した。

公共施設に「小さな図書館」を併設することで、「人にやさしい図書館」に生まれ変わらせた事例は他に、市庁舎一階の空きスペースに複層ブックカフェスタイルの「龍を夢見る小さな図書館」、新倉文化福祉センターには、遊びと子育て専門の「本と遊びの図書館」などがある。

■小さな図書館がまちを元気にする

スタッフが現場を歩き、生活者と語りあい、人々に働きかけを行ったことが、いままでの図書館のまなざしでは想定できなかったような場所や施設を「小さい図書館」として再生させる可能性を開き、地域社会の

23：冠岳山詩の図書館（冠岳山切符売り場を改装）

すっかり放置されていた冠岳山都市自然公園の旧切符売り場を改装して、詩を専門にした図書館に改装した。韓国と海外の詩集 3,000 冊を配架している。詩の朗読コーナーもあり、雄大な冠岳区の自然景観と詩がシンクロして、五感をとおして詩を感じることができるプログラムを展開している。

住所は、幸運洞 1675-12 2 階

教育資源を見直すきっかけを与えることになった。そしてそのことが、本と学びにかかわるスキルを持った人々、それに関心がある人々を結集することを可能にした。

以上のようなシナジー効果が発揮されたことで、冠岳区に「人にやさしい図書館」が次々誕生し、そして磨きあげられた。

24：利用者と語りあう図書館課長（落星垈山公園書館）

従来の本や図書館の持つイメージをぬぐい去り、人々の暮らしと本を結びつけ、人々の自由な学びを引き起こす。その使命を実現するために図書館課が設置され、志を持った人材が結集した。スタッフは、地域社会を歩き、自分の目でたしかめながら、本と暮らし、本と人を結び、人を学ぶ気にさせる活動に取組んでいる。

第12章　人にやさしい図書館は人づくりから

■人を育み成長させながらコトをつくる

「人にやさしい図書館」の理念は、これまでのカネと仕事を中心に形成されてきた従来の政策や経営のあり方にくさびを打つという側面があった。プロジェクトを実現するために、本と暮らしを結びつけることで「知と学び」にふり注ぐ社会サービスに力点をおき、それを実現するための具体的なプログラムを積みあげていった。

はじめに、これまで本や図書館が持っていた敷居の高いイメージをぬぐい去り、人々の暮らしと本を結びつけ、自由な学びを引き起こすことにすべてのエネルギーを注ぎ込んだ。

プロジェクトを起動するためには、無闇矢鱈に人々の集まる場に「小さな図書館」を設置したのでは、設定した目標は達成されない。本と暮らし、本と人を結びつけるための働きかけ、すなわち、人を学ぶ気にさせるデザインとそれを働きかける人の存在がどうしても必要になった。

■図書館学を超える

ところが、これまでの図書館学は、規模の大きな図書館での仕事を想定して形成されたことに加え、本を所蔵、管理し、人々が利用しやすい環境を整備することを司書の仕事と位置づけてきた。その結果、既存の図書館や図書館学では学びをデザインするような役割を果たすプログラムもそれを担う人材の養成も、想定していなかった。

それゆえ、コトを動かそうとしても先進事例などどこにもなかった。そのため、図書館課のスタッフには、自分たちでプログラムを開発するという課題がつきつけられた。「人にやさしい図書館」を設置し、プロジェクトを動かすためには、本と人を結びつけ、人々の生きるチカラを育むための学びがデザインでき、そのサービスを利用者に提供できる人材の養成から取り組まなければならなかった。

■知恵とアイデアを持ち寄る

図書館課のスタッフは、学びのデザインにかかわる事例を収集し、知恵やアイデアを持ち寄り情報収集にあたった。先進的な図書館活動を実践しているとの評価が高いフィンランドなど諸外国で行われている学びのデザインの事例を収集した。世界中の地域社会が展開しているミュージアムや環境教育などの事例を収集し、それを「人にやさしい図書館」で展開するための方法を研究した。

彼らは、身近な地域社会の実践も見逃さなかった。セマウル文庫などで、地域社会の子どもの教育支援をしているボランティア活動に正面から向きあった。区内にあるソウル大学、ソウル教育大学という知の資源を活用し、共同研究を実施しともに学びあった。そして、ボランティアの経験者や地域社会の母親らを巻き込みながら、本と生活を結ぶ数々の学びのプログラムを開発し、実証実験を展開した。

25：子どもが物語のイメージをカタチにした作品

住民が運営する小さな図書館では、物語を読んで、子どもたちが描いた想像力あふれる素敵な絵が迎えてくれる。みんなで本を読んで考えたことを絵で表現するプログラムは、子どもたちの思いをカタチにするチカラをのばし、想像力と創造力を育むことが期待できる。

■学びで人を磨く成長する魔法の仕組み

学びのサービスは、集客イベントのそれとは異なるアプローチで展開されなければならない。話題づくりのための一過性のイベントを模索するそれではなく、参加者が楽しみながら成長する継続的なプログラムを組み立てコトをすすめなければならない。このような視点からサービスを動かすためには、本と暮らしを結びつけ、人々の生きるチカラを高めるような学びを働きかけることができる人とそのような専門スキルを持った人が参加し、彼らのやる気を促すための仕組みをあらかじめ埋め込んでおく必要がある。

図書館課のスタッフは、プロジェクトを担う志のある人々を集うために金銭や名誉に代わるものとして、「学びのプログラム」を用意した。

「名誉司書養成講座」では、「人にやさしい図書館」にかかわり、それを継続的に動かすことができるスキルとその資質を磨くための学習を用意し、プログラムに継続的に参加した受講者に名誉司書という資格を与え図書館の仕事をしてもらった。

司書の研修を受講する母親たち

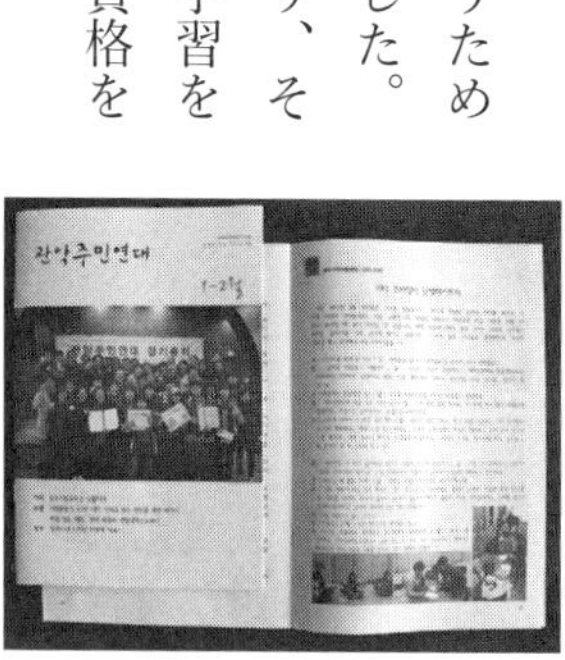

お母さん司書たちの研究会の報告書

「読書リーダー養成講座」では、あらゆる人が本と暮らしを結びつける楽しさに気づき、その学びを支援する働きかけができるスキルと資質を磨きあげた。

「名誉司書養成講座」と「読書リーダー養成講座」の二つの人づくりシステムが大きな歯車になり、プロジェクトを担う人材を継続的に輩出することができるようになった。

■母親が司書にそして学びのデザイナーに

それまでは地域社会の有志が担っていたセマウル文庫の関係者に、「名誉司書養成講座」や「読書リーダー養成講座」に参加をよびかけた。講座に参加し、資格を得た参加者は、本や地域資源を活用し、習得したスキルと磨きあげた資質をどこかで活用してみたくなる。

それまでは毎年同じイベントを繰り返すだけで満足していた彼らに、利用者のために「学び」を刺激する新たな働きかけをしてみようという気運がうまれる。そして、提供する「学び」やサービスの質も徐々に向上する。その結果、「セマウル文庫」は、人々を魅力する「学び」が提供できる「小さな図書館」に生まれ変わることになる。

そして、生まれ変わった「セマウル文庫」に、未来への希望を抱いた人々が次々に参画しはじめる。地域社会の母親たちが司書や学びのデザイナーになる講座を受け、活動に積極的に参画しはじめた。その動きは教員、地域社会の学生などにも波及している。

現在、冠岳区では、みんなが学びあいながら、あらゆる人々に、「知と学び」をふり注ぐ新しい社会の仕組みが形成されている。そして、コミュニティ単位で、本と人、本と生活を結びつけることができる学習デザイナーが誕生し、「新しい学び」が次々に生まれ続けている。このような「知と学び」の活動が起点になって、社会的起業家が出現し、規模の経済に代わる新しいプロジェクトが誕生しはじめている。

26：母親が学びのデザイナー

住民が運営している小さな図書館では、地域社会の母親たちが知恵とチカラを持ち寄りボランティアで運営している。

母親たちは、世界中のミュージアムやライブラリーが展開している学びの事例を収集し、人と本を結ぶための学びのデザインを開発し、日々資質をみがきあげているという。

第13章　人への投資が社会を豊かにする

■人を育み成長する組織の仕組み

プロジェクトを動かす組織や仕組みづくりの最も重要な要素は、計画の段階であらかじめ変化に柔軟に対応しコトを永続させることができる仕組みを埋め込んでおくことにある。教育や福祉といった社会サービスの分野は、人を相手にする継続的なプロジェクトであり、人が自ら状況を判断し、人を動かしコトを創造し続ける仕事である。それゆえ、組織に参画する人への投資が、事業の正否に決定的な意味をもつことになる。はじめから、人へ投資し、人を成長させる仕組みを埋め込んでおけば、プロジェクトを起動した当初は惨憺たる成果に終わっても、事業を改善に向かわせ、やがて軌道にのせることが可能になる。

近年我が国では、指定管理、ＰＦＩ事業などにみられるように、公的な部門が遂行してきた社会サービスの仕事を民間に委託するケースが増大している。人よりも仕事と予算が先にきてしまうそれは、参画する誰もが同じように仕事をこなす当初の組織デザイン、すなわちマニュアルの出来が決定的な要素になってくる。

そこでは、人は置き換えることができるパーツと位置づけられてしまうから、人が持つ組織への愛着は失われ、人が次々にいれかわることになる。そのような仕事の仕方からは、マニュアルを合理的にこなすノウハウはうまれても、サービスをもっと良くしようという改善はうまれないし、新しいコトを起こすといった創造性は育まれない。そのような組織はけっして持続することはない。

■規模のビジネスと民間活力

いま、日本地域社会で展開している民間の知恵を導入した取り組みでは、利用者サービスの視点からの実績をあげている事例が少なくない。なぜなら、彼らは、生活者の視点で事業を見直すことができ、あらゆる仕事を誰でも参加して、動かすことができるように整理し、与えられた事業を能率をよく仕上げるための仕組みをつくり、それを動かすノウハウを持っているからである。

しかし、そうやって完成した仕組みには、スタッフの資質や成長、それに加え、新しい事態に臨機応変に変化に対応し組み替えていくなどの仕組みは想定されていない。それゆえ、オープン当初は成果をあげるけれども、事業を持続的に成功させることはできない。なぜならば、マニュアル主導のマネジメントでは、人と本を結びつけ、利用者のスタイルにあった興味関心をひきだすようなアプローチを新たに生み出すことは想定されていないからである。

冠岳区のプロジェクトを担う司書や学びのデザイナーを養成する活動からコトをはじめているところと比較してみると、ビジネスのノウハウをとりいれることで成果をあげている事例の多くは、公が担っていた仕事を委託する手段が目的になってしまっていることがみえてくる。それは、一人ひとりの利用者や生活者の学びという本来の目的との決定的に違ってしまっていることがみえてくる。

■一人ひとりの学びに投資する

「人にやさしい図書館」がそうであったように、「富の分配」と決別し「富の創造」という視点にたってはじめて、一人ひとりの「生きるチカラ」を磨くことに新しい政治の本質があることがみえてくる。

あらゆる人々に、「知と学び」の機会をふり注ぎ、学ぶ意欲を持続させることができるなら、一人ひとりの生きるチカラを磨きあげることができる。そのことは、私たちの社会に新しい活力をうみだすだろう。そして、一人ひとりの「知と学び」が結びつけば、誰もが未来への希望を持ち、社会に参画する新しい地域社会の創造も可能になる。そして、カネに変わって、一人ひとりの学びに投資する。すなわち、学びの機会を与えを一人ひとりを磨きあげることにこそ、これからの国と地域社会において政治が果たすべき責任があるという課題がみえてくる。

■生きるチカラを磨く学び

学びで人へ投資するためには、何よりも一人ひとりの生活者のインスピレーションを刺激し、「知と学び」をふり注ぐ働きかけからコトを起こす必要がある。すなわち、誰もが自由なカタチで集うことができ、人とモノ、情報をリンクしながら「知と学び」にアプローチできるコミュニケーションの場を意図的につくりだす必要がある。

その課題に対応するために提起されたプロジェクトが、冠岳区の「人にやさしい図書館」である。「人にやさしい図書館」は、図書館政策でも、福祉政策でもない。人へ投資する新しいまちづくりに共感する人を結集し、本を活用し、人を育み続けることで地域社会の幸せを育み、活力を創造しようとする地域社会の仕組みをつくることにある。

それゆえ、冠岳区に学び、コトを起こそうとする地域社会は、そのスタイルと同時に、それを形成するマネジメントをセットにして理解しておく必要がある。そうすれば、これまでの組織の枠組みのまま中途半端に担当部署を決めて実行するアプローチはさけなければならないことがみえてくる。

■人づくり国家の足あと

私たちの地域社会には、どこでも本はある。本のカタチに編集できる暮らしの知恵や生きるチカラを学ぶことができるコンテンツもたくさんある。人々が集うことができる学びの場も充実している。そして、そのような学びへの参加を希望している人もいる。

それに何より、日本は、すでに一七世紀に文字で人を動かす社会の仕組みが完成していた。寺子屋や郷学から私塾、藩校など官民の多種多様な学びの場が自然発生的に誕生し、「独り学び」「独り遊び」などの印刷物が流通する類い希な人づくり社会であり、あらゆる地域社会にその足あとが刻み込まれている。

それらを結集して、一人ひとりの「生きるチカラ」をみがくために「知と学び」を一人ひとりに降り注ぐためのプロジェクトを起こすことができれば、失われた未来への希望を地域社会に甦らせることができるはず

■江戸の知と学び
江戸時代は、地方の時代で、地方の元気を支えた学びの場がたくさんあった。近代に誕生した学校教育とのかかわりから　寺子屋、私塾、藩校などが注目されるが、田中優子は、『江戸の想像力』（ちくま学芸文庫）で、人々の自由な学びの仕組みとして「連」に着目し、そこで繰りひろげられた人々の知への情熱と豊かな想像力を明らかにしている。

■連
俳諧連句の座や狂連歌を核に誕生した出入り自由の小さな機能集団である。五人から二〇人ほどで構成される集団で、落語、浮世絵などを創作したり、多様な文化芸術、出版活動を展開し、海外情報の受取手となる連も次々に出現した。

である。

■社会をデザインする社会起業家

貧困と格差という問題を抱える冠岳区の挑戦がまさにそうであったように、「人にやさしい図書館」は、過大な予算措置や制度改革を必要とするものではないし、乗りこえなければならない障壁があるような政策課題ではない。

そうであるからこそ、トップにたつリーダーが、地域社会の未来にまなざしを持ち、勇気と情熱を持って夢を語り、人を巻き込みながらコトを動かすことができれば、ただちに実行できるプログラムである。

しかしそれは簡単なようにみえて容易には実現できない。なぜなら、いま地域社会の政治にたずさわっている人材には、自らのチカラでまっ白なキャンバスに未来を描き、人々に未来への希望を語り、人々を結集してコトを起こすデザイナーの資質もなければ、社会起業家として仕事した経験もない。そしてもっと深刻なのは、圧倒的に多くの人々は、それについて学んだことすらないからである。

未来への志を持つ人々の潜在的なニーズに応えるためにも、「知の福祉」「人にやさしい図書館」を全国で推進するためにも、私たちは、ミュージアム未来学の視点から社会デザインを学び、社会起業家を養成するためのプロジェクトに挑戦しなければならない。

第Ⅳの扉

■未来をデザインする

■一人ひとりを輝かせるためにミュージアムのスタイルで、まちに知と学びをふり注ぐ。

ヒューマンライブラリー（未来志向のミュージアム）

スルガ銀行は、六本木や二子玉川に、みんなの夢を探すブックカフェを創設した。東京ミッドタウンの中庭では、本を持ってピクニックや本を片手にコンサートなどの学びのプログラムが開催されている。本と人々の生活シーンを縁結びした新しいミュージアムプロジェクトが次々に誕生している。

第14章　未来志向の社会デザイン

■人口減少と消滅する自治体

私たちの未来予想図に深刻な影響を与えている問題の一つに、人類の歴史上、どの社会もまだ経験したことがない急速な人口減少がある。

二〇一一年に国土交通省国土交通局長期展望委員会が発表した「国土の長期展望」中間とりまとめは、二〇〇五年から二一〇〇年に向けて、日本の人口は、明治維新の時代の三七〇〇万人まで減少すると予測している。この事態に対して、「千年単位でみても、類を見ない極めて急激な減少」という表現で、警鐘をならしている。

人口の減少が深刻なのは、それが需要の減少と生産力の低下を引き起こし、経済活動を縮小させてしまうからである。それに加えて、急速な高齢化が医療や福祉への社会サービスを増大させるからである。

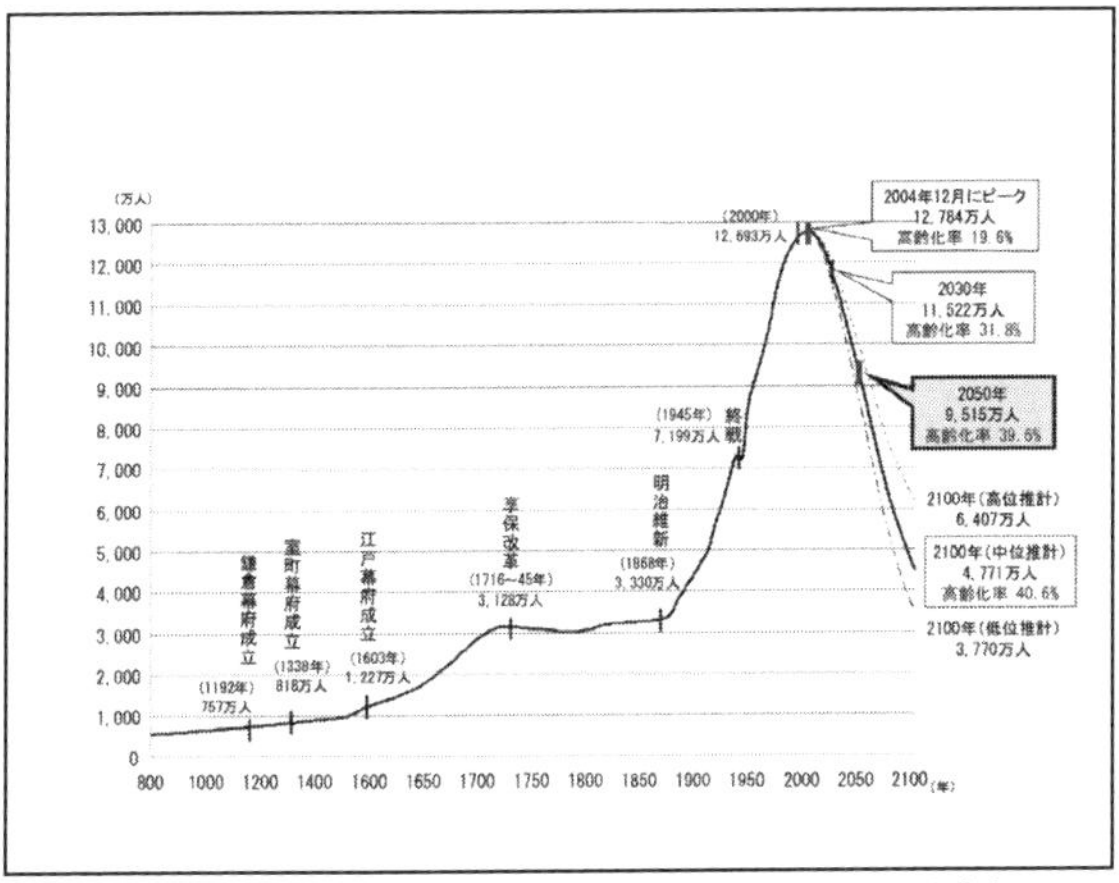

27：人類が経験したことがない深刻な人口減少

国土交通省国土計画局長期展望委員会の推計によれば、日本の総人口は、2004 年をピークに今後 100 年間で 100 年前 (明治時代後半) の水準に戻っていく可能性を指摘し、「この変化は千年単位でみても類を見ない、極めて急激な減少」と記述している。

2011 年に国土交通省国土計画局作成

■失なわれる夢

いまの仕組みを見直し、私たちの暮らしを変えなければ、経済も地域社会も前にすすむことができない事態が起きている。にもかかわらず、政府からも、自治体からも、そして企業からもいまの仕組みを変えようという未来志向の新しい動きは起きてこない。

二〇一四年に日本創成会議が、二〇一〇年の国勢調査を基礎資料に二〇〜三九歳の女性の人口減少に焦点をあて、「消滅可能性のある都市」を試算し、発表した。それによると、二〇四〇年までに全国約一八〇〇市町村のうち約半数の八九六市町村が消滅するという。

あまりにも衝撃的な予測である。それにもかかわらず、消滅可能性を指摘された自治体は、補助金などを活用しての少子化対策や婚活イベントなど思いつきレベルの施策で満足してしまい、未来のためのアクションを起こせないでいる。

いま日本社会では、多くの人々は、目の前の課題を処理する作業に追われて、それで仕事をしている気になってしまっている。そして人々の

■消滅可能性都市
「日本創成会議」の人口減少問題検討分科会が、最近の都市間の人口移動の状況、特に二〇〜三〇代の女性の数の減少に着目して試算した結果、二〇四〇（平成五二）年に若年女性の流出により全国の八九六市区町村が「消滅」の危機に直面すると発表した。北海道や東北地方の山間部などに集中しているものの、大阪市の西成区や大正区、東京都豊島区などもその対象とされている。

暮らしからは、未来は忘れられ、未来を考えることさえ避けてしまおうという風潮が支配的になりつつある。このまま事態が推移すれば、自治体はいうまでもなく、日本社会は消滅してしまうだろう。

■負のスパイラルを変えるために

日本社会がこの危機を克服し、未来を切り拓いていくためには、負のスパイラルに突入してしまった潮流を変えなければならない。そのためには、いま起きている現象を引き起こしている大きな潮流をつきとめ、それにメスをいれる本質的な対応が求められている。

少子高齢化、膨れあがる財政赤字、格差社会、地方経済の低迷、環境コストの増大、災害と原子力発電所の事故にかかわる諸問題など、いま日本社会の未来を不安にしているこれらの政策課題は、即時対応可能なシングルイッシューではない。文明の構造転換を背景にした産業社会の負の副作用が相互に複雑にからみあって生起している課題である。

そのようなまなざしを持つことではじめて、少子化に対峙するためには、それを引き起こしている家庭のあり方、仕事と生活のバランス、そして人々の生活価値までふみこんだ戦略的な対応が必要なことがみえてくる。そして、人々の生きるカタチにまでふみこんだ未来志向の社会デザインを提起しない限り、一歩も前にすすめない事態にあることがみえてくる。

■人にやってもらう社会の終わり

これまでの私たちの社会は、科学技術のチカラで、エネルギーは限りなく供給され、企業は常に雇用をつくり、安全や安心、絆や助けあいは政府や自治体が責任を持って担うという暗黙の了解があった。

そして、私たちは、科学技術や社会の仕組みに絶対の信頼をよせ、産業や経済活動を中心に社会が動くものという意識のもとに、生活を組みたててきた。戦後の日本社会では、未来への希望や幸せは、誰かが持ってきてくれるものであった。

■自分のチカラであしたを描く

危機を克服し、課題を一つでも前にすすめるためには、第一に、そのような過去の成功体験を捨てなければならない。すなわち、科学技術や産業、経済活動の成果に過度に期待しないで、組織や人まかせにしないで一人ひとりが自律して生きていくようになるための活動を支援する施策が求められている。

そのためには、一人ひとりが自らのチカラで、まっしろなキャンパスにあしたを描きあげるアプローチが必要になってくる。そして未来をデザインする作業にみんなを参加させ、その喜びを実感してもらう施策に舵を切らなければならない。そうであるからこそ、少子化や医療、福祉という個別の施作よりも、いまの暮らしを変え、人々の意識を変えるための社会デザインを準備することからはじめなければならない。

第15章　地域社会の一人ひとりを磨く

■経済の時代と福祉コンクールの終わり

二〇世紀は、経済の時代であり、経済の思想で社会が動いた。金銭価値を中心にした規模と効率性が地球のすみずみまで浸透し、人々を動かした。

政府は、消費と投資を促すための公共事業にエネルギーを注ぎ込むことで、雇用をつくりだし、人々に富を配分した。医療、介護、子育て、助けあいなどの生活課題については、金銭を中心にした保障と支援にエネルギーを注ぎ込み、サービスを提供した。

政府も企業も金銭のチカラで意図的に仕事をつくり、人々にサービスを提供した。その結果、金銭価値が富になり、金銭価値で社会のすべてが動くことになった。それは人口が増大し、右肩あがりの経済成長が続く限り有効な社会モデルであった。

ところが、限りない経済成長を続けることは不可能である。ローマ帝国は、無料のパンとサーカスを求める大衆を満足させるためのサービスコンクールに陥り滅亡してしまった。歴史の教訓が教えてくれているように、社会保障が約束されると、人々は無料の福祉をあてにして、働かなくなる。

それ加えて、あるレベルの豊かさに達すると人はさらなる成長を求めてあくせく働くことを望まなくなるという人間の摂理も考慮しておく必要がある。豊かな社会では、時間に余裕ができた人々が、それまで金銭で対応していたサービスを自分で学習し、手間をかけて自分でやってみようとする高度なサービスが登場してくるようになる。そのような生活価値が支配的になると、少子化が引き起こされ、人口は減少していく。

そのように考えてみると、人口減少と縮小経済に直面している日本社会では、いままでのように公共事業や金銭による雇用も社会サービスもうみだせなくなっていることが見えてくるはずである。

■日本の自殺
一九七五年に、『文芸春秋』三月号に掲載されたグループ一九八四という学術研究集団による論文で、日本社会の予言の論文として三七年後の二〇一二年の同誌二月号に再掲された。滅亡したローマの文明の「パンとサーカス」を糸口に、市民に対する権力の迎合が人を無力化し、腐食させることと福祉コンクールの危険性に警鐘を鳴らし、新しい理念と政策の必要性を提起した。政策効果も検証することなく実施され続けている自治体の婚活イベントや温浴施設の整備は彼らの警鐘そのものであろう。

■生きチカラをみがく人への投資

負のスパイラルに陥ってしまった潮流を変えるためには、これまで金銭価値を中心にして、モノやコトに向けられていたまなざしを、一人ひとりの生活者に向けてみる必要がある。そうすると、地域社会の主役である一人ひとりの生きるチカラを高めることで、肥大化した福祉や衰退した競争力を回復するアプローチがみえてくる。

すべての人は、昨日とちがう自分になろうという意志を持っている。暮らしを少しでも良くしたいという意欲を持っている。そのような意志や意欲を伸ばし、自分を磨きあげる行為が学びである。人は、人やモノと出あいながら、知る楽しさにふれ、「知と学び」をとおし、自分を変え、成長し続けていく。科学的な発見も、社会を良くしようという活動もそしてビジネスも、「知と学び」をきっかけに、人と人が結ばれてはじめて誕生する。

■緊縮財政を批判する
公衆衛生と政治社会学の研究者であるデヴィッド・スタックラー、サンジェイ・バスは、金融危機で財政が破綻したアイスランドとギリシャを比較し、ロシア、北欧などの事例を概観したうえで、不況そのものではなく、不況における緊縮財政が人々の未来への意欲を喪失させ、自殺やモラル破綻を引き起こすことを明らかにした。
日本版は、橘明美、臼井美子の訳で『経済政策で人は死ぬか?:公衆衛生学から見た不況対策』というタイトルで草思社から刊行されている。

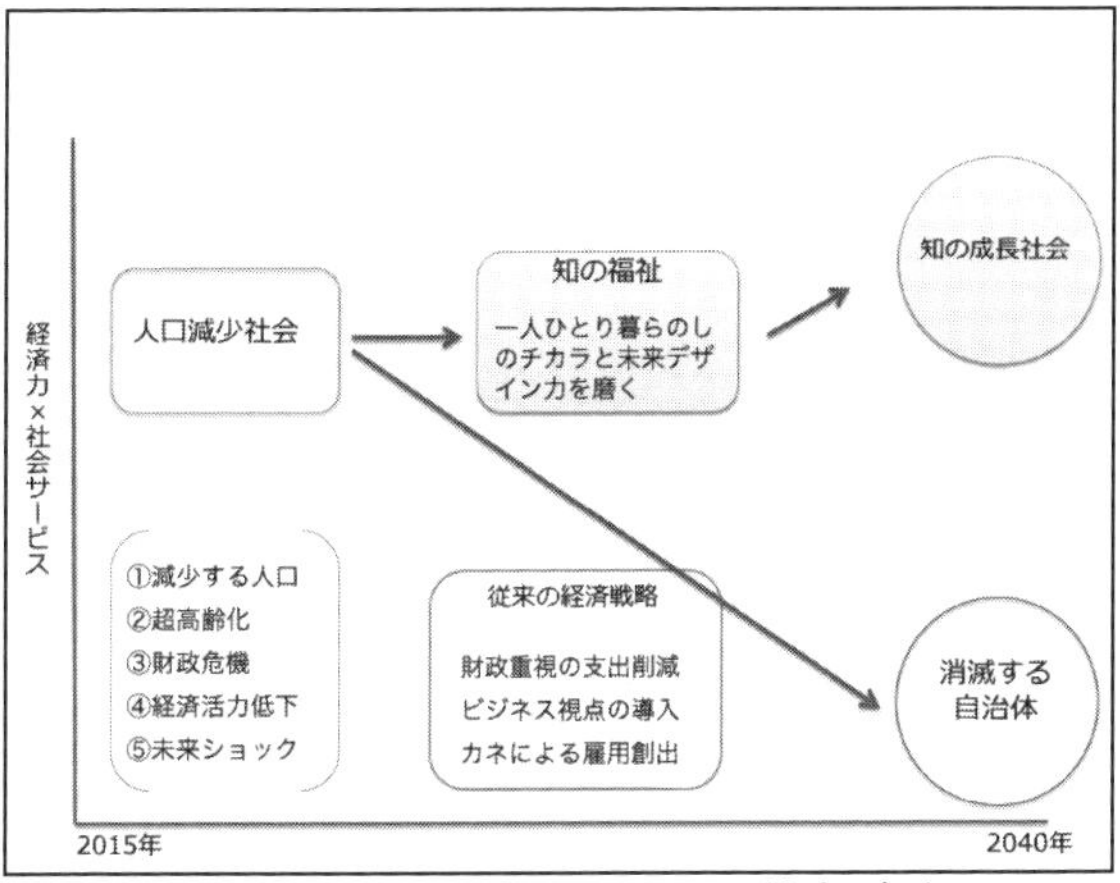

28：未来ショックを超えるための社会デザイン

「消滅する自治体」「医療と介護難民の発生」「ひろがる格差」「地価の下落と土地資本主義の崩壊」などの未来予測に衝撃を受けるのではなく、地域社会も、企業も、そして何より私たち一人ひとりが、未来に夢を持ち、自らのチカラでデザインすることに喜びを持ち、あしたへの限りない成長をめざし、少しでも自分を磨くという視点が求められている。すなわち、未来は「知と学び」で変えることができる。そのために、一人ひとりの人へ投資し、人をみがき、人をいかすための学びの場、学びの仕組みを創出する施策が「知の福祉」である。

■知と学びをふり注ぐ新しい福祉

あらゆる人々に、「知と学び」の機会をふり注ぎ、学ぶ意欲を持続させることができるなら、一人ひとりの生きるチカラを磨きあげることができるはずである。そのことは、私たちの社会に新しい活力をうみだすだろう。

そして、一人ひとりの「知と学び」が結びつけば、誰もがあしたへの希望を持ち、社会に参画する新しい地域社会の創造も可能になる。

私たちは、一人ひとりの人にまなざしをあて、「知と学び」を注ぎ込む一連の社会デザインを「知の福祉」と定義し、未来ショックを超える社会デザインとして提起したい。

第16章　知と学びが社会を変える

■ひろがる学びのアプローチ

次に来る文明では、新しい「知と学び」にふれ、それを享受して暮らしをみがきあげる生活者が主役になる。健康と医療の世界を事例に彼らがもたらすインパクトを考えてみよう。

自分の健康に関心を持った生活者は、体調を分析するために基礎的な医学の知識にアプローチするだろう。次に、体調を維持し、少しでも改善し、予防しようとすると薬学の知識にアプローチするだろう。そしてさらには、食や運動の知識へもアプローチをすることになるだろう。

■学びの成果を共有する

そのように「知と学び」を進化させた彼らは、消費しただけ、情報を入手しただけでは満足できなくなるだろう。そして、より本物で、パーソナルな体験をするためさらに「知と学び」を深め、それを他人と共有し、社会に活かそうとするようになる。

その結果、同じような学びのプロセスをたどった人々が結びついて、「学びのコミュニティ」が誕生する。そこでは、病院が診察したり、治療したりするのとはちがった独自の健康と治療の知が形成されるようになる。

このような学びの輪がひろまることで、病院や薬に過度に依存した医療は徐々に解消され、膨らんでしまった医療と社会保障のコストを着実に引き下げられるだろう。

ＩＣＴが進展し、人と人、人と情報が多様なかたちで結びついている今日、「食べる」、「着る」、「設える」など私たちの暮らしにかかわるあらゆる領域で、興味関心のおもむくままに知に出あい、学んだ成果を自分でやって確かめ共有する「学びのコミュニティ」が次々に誕生する可能性がある。

■公的な教育サービスは感動をデザインできない

しかし、多くの地域社会では、生産消費者をお互いに結びつけ、学びの成果を社会にいかすための「学びのコミュニティ」に昇華させることができないでいる。それ以前の問題として、地域社会であたりまえに生活している生活者に、生活の質を高めようとする意欲をひきだし、新しい「知と学び」へ誘うことができないでいる。

■求められるのは感動をうむ学びのコンテンツ

人へ投資する「知の福祉」を推進するためには、何よりも一人ひとりの生活者のインスピレーションを刺激するためのコト起こしからはじめる必要がある。そのためには、誰もが自由なカタチで集うことができ、人とモノと情報をリンクしながら「知と学び」にアプローチできるコミュニケーションの場を創造することが求められる。私は、それらの課題に対応し、「知の福祉」を推進するためのエンジンとして「みんなのミュージアム」というプロジェクトを提案したい。

29：事例研究　学びのコミュニティ

陽子さんは、商社に勤めています。休日があると旅に出て、人々の暮らしぶりを写真に撮り、聞いたこと、感じたことを記録し、モームページで発信しています。このような旅を続ける中で、地域社会には自分の暮らしを豊かにするヒントがあることを発見するようになりました。

陽子さんは、那須烏山市（栃木県）のお年寄りから「ぜいたくな食べ物」の話を聞きました。「ぜいたくな食べ物」と言えば、本格的なお店に行かないと食べられないような料理を想像してしまいますが、その町の人々にとって、「ぜいたくな食べ物」は"うどん"でした。

理由はとても手間がかかるから。"うどん"を食べるには、小麦を育て、収穫し脱穀する。お米はここまでくれば,炊くだけで食べられるが,"うどん"はそうはいかない。脱穀した後は粉にして、水とこねて生地にして、切ってゆでてやっと"うどん"になる。このように、時間と手間を惜しまず作ったものが、「ぜいたくな食べ物」という話をきいたのです。

この話に感心し、家に帰った陽子さんは、私の暮らしの中にはどのようなぜいたくがあるのかを考えました。ある町を訪れたときその土地の人からいただいたカボチャと枝豆がありました。それに手間をかけてみとうと考え、スープを作りました。庭をみると、梅の実がなっています。それに手間をかけてあげとうと考え、ジャムにしたり、ドレッシングにします。

身のまわりにある素材に、ちょっとしたアイデアを加えて、料理をしてみるだけで、とても豊かな気持ちになることに気づきました。

陽子さんは、「ぜいたくな"うどん"」の話をおしえてくれたおばあさんにジャムを送りました。それがきっかけになって、おばあさんからは、旬の野菜とその調理方法が送られるようになり、食べ物を通して季節を身近に感じることができるようになります。

そして、陽子さんは、食べ物以外でも、時間と手間をかけて作れるぜいたくなものを考えるようになりました。よその地域ではどうなんだろうと考えながら旅に出るようになり、その地域で発見したことをもとにホームページを作ります。Webと家庭と旅が関わりあい、陽子さんの学びが深まり、暮らしは豊かに、楽しく充実したものになっています。

第17章　博物館と図書館の魅力で暮らしに光を

■夢と感動が収集、記録される魔法の空間

博物館と図書館とは、古代アレクサンドリアに誕生したムセイオンを起源にしている。ムセイオンは、人々の感動をうみだすモノと情報を世界中から収集し、それを記録し、図書として編んだ。ムセイオンでは、そのように収集記録された感動コレクションを、人々の学びに活かし豊かな未来を育む人づくりに活用した。

ムセイオンがそうであったように、地球と人々の生きた足あととその感動が記録されたモノと本は、学びをとおして社会を豊にするために収集、整理されている。それらは、人に活用されてはじめてかがやきを持つ。

その起源にまでさかのぼってみると、博物館と図書館は、あらゆる人々の好奇心を刺激し、学びを育み、生活を豊かにする可能性があるこ

とに気づかされる。

■夢が記憶されているモノと図書との出あいが想像力育む

地球の記憶がきざみこまれているモノや時を超えて人々が築きあげてきたモノやコトには、言葉を超える感動が刻み込まれている。じっと見つめながら対話していると、モノに刻み込まれた見えないモノやコトが見え、聞こえてくる。

そのようなモノやコトは、私たちのインスピレーションを刺激し、未知と遭遇する感動へ誘ってくれる。

森羅万象の不思議や人々の生きたドラマが記録されている本は、生きるヒント与えてくれる知の灯台であり続けてきた。本の表紙をみつめ、タイトルを読んでみるだけで、想像力は限りなくふくらんでいく。

図書館と博物館が持っている魅力を日常の生活シーンに組み入れてみよう。普段あたりまえの生活をしていてその価値が忘れられてしまっている暮らしの中に、宝物が眠っていることに気づくことができるように

烏山和紙の里（那須烏山市）

水槽作りワークショップ（筑波実験植物園）

なるだろう。人々の想像力が刺激され、いまの暮らしをもっと良くしようという意欲を呼び起こすこともできるようになるだろう。

■みんなのミュージアムとは

「みんなのミュージアム」は、一人の人の人生に影響を与える「知と学び」を育むことを目指している。それゆえ、あまねくひろく知を普及することを目標に設定しておきながらも、そのための解決策を見いだせないまま袋小道に入ってしまったこれまでの博物館や図書館ではイメージできない多様なコミュニケーションをくりひろげていた一八世紀のミュージアムを想定している。

「みんなのミュージアム」は、「ふるさとの宝物」(=ミュージアム)、「想像力を育む本棚」(=ライブラリー)、「人と人を結ぶカフェ」(=交流)の3つの装置で構成される。

「ふるさとの宝物」に出あうことで、私たちが生きていくために欠かせないモノやコトの価値は再発見される。

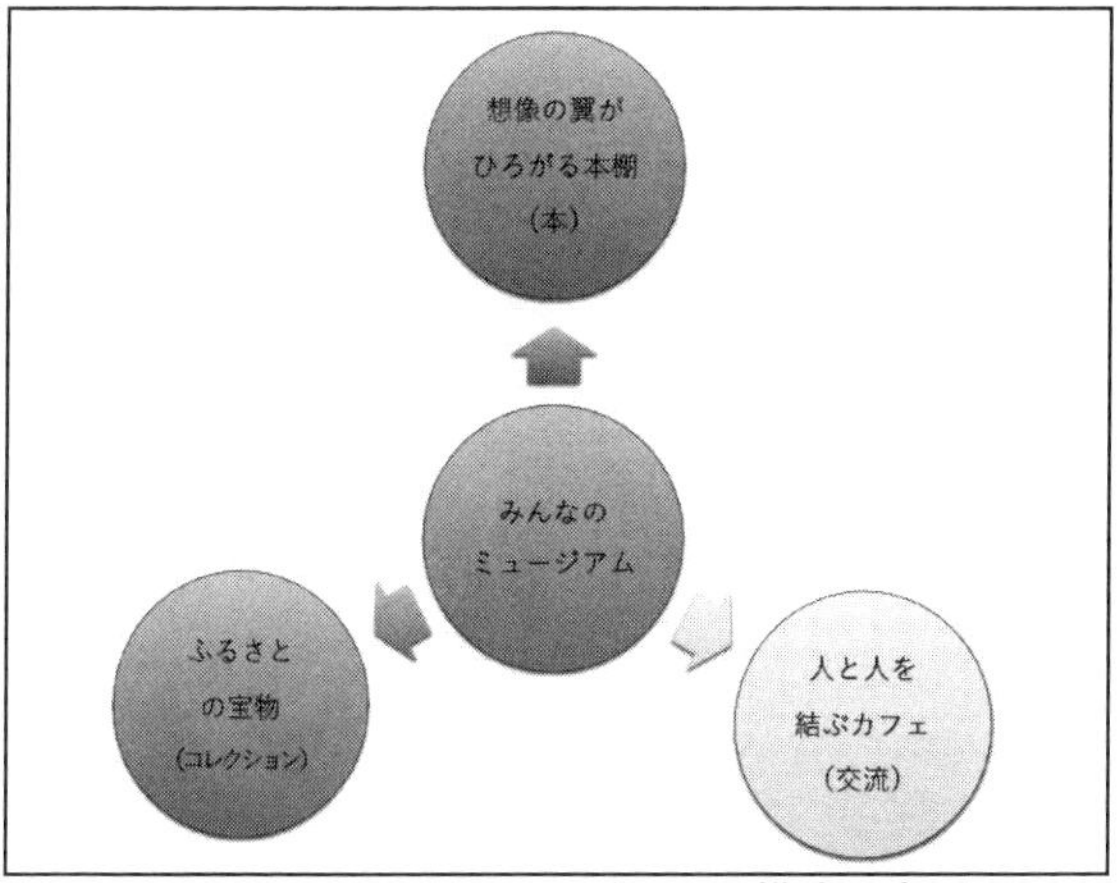

30：みんなのミュージアムの構成要素

「みんなのミュージアム」は、「想像の翼がひろがる本棚」、「ふるさとの宝物」、「人と人を結ぶカフェ」の３つの装置で構成する。①「本棚」に出あうことで、私たちの想像力は磨きあげられる。②「ふるさとの宝物」との出あいは、日常と非日常、過去と未来を縦横にリンクし、これまでは思いもつかなかったような暮らしにかかわるモノやコトが縁結びされる。③本とモノをリンクしたカフェで、誰とでも気軽に交流することで、食やファッション、インテリア、子育て、近所の助けあいなどにかかわる「学びの成果」が持ち寄られ、私たちが生きていくために欠かせないモノやコトの価値が再発見される。

「想像力を育む本棚」に出あうことで、私たちの想像力は磨きあげられるだろう。「想像力を育む本棚」と「ふるさとの宝物」がリンクすることで、日常と非日常、過去と未来が縦横に結びつくことになるだろう。そして、これまでは思いもつかなかったような暮らしにかかわるモノやコトが縁結びされるはずである。

それに加えて、「人と人を結ぶカフェ」に参加することで、誰とでも気軽に交流することができるようになり、食やファッション、インテリア、子育て、近所の助けあいなどにかかわる「学びの成果」が持ち寄られ、共有されることになるだろう。

■夢を育む学びのデザイン

本と向きあうために、勉強するために、静寂な空間も備えておく必要はない。目的の図書やコレクションを調査したり、検索したりする機能を持つも必要ない。ベストセラーをはじめ住民のリクエストに応えるための仕組みにもチカラをいれる必要もない。希少なコレクションを守る

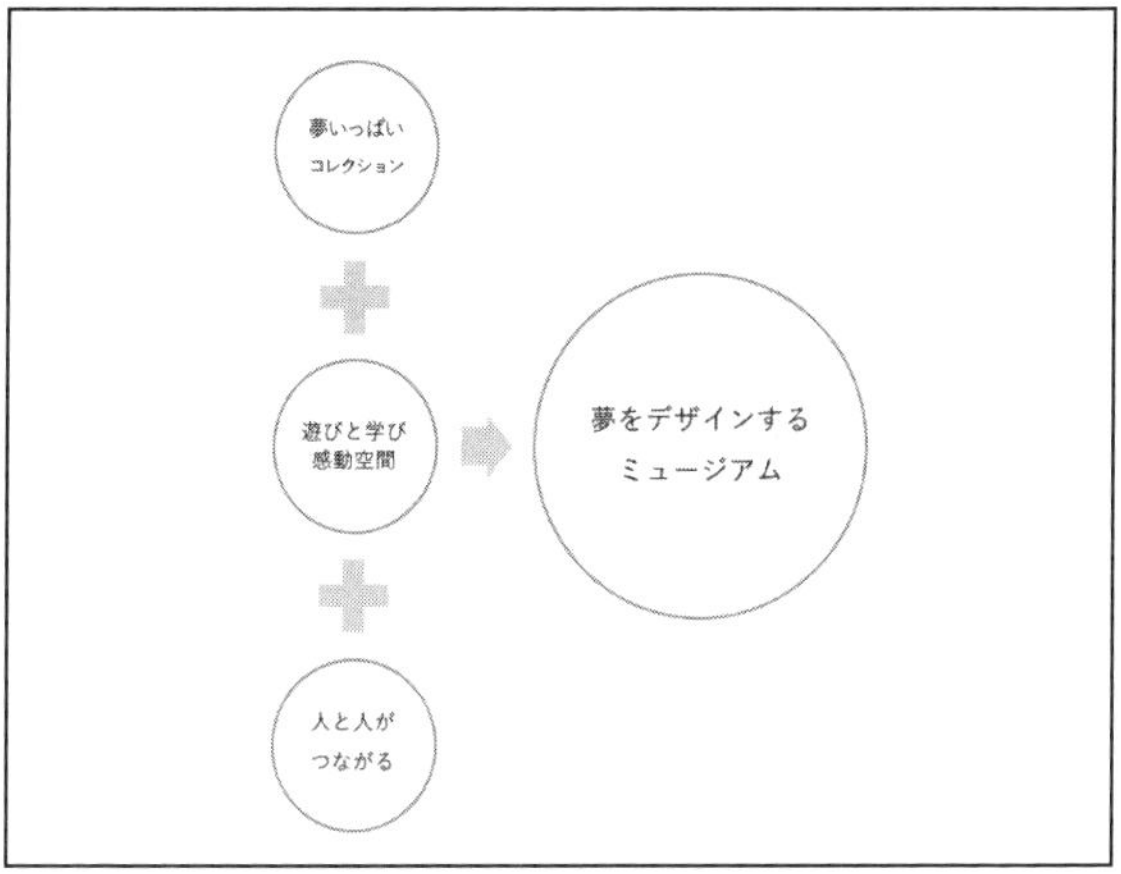

31：夢を育む学びをデザインする条件

一人ひとりが夢を育むための学びを実現するためには、既存の図書館や博物館とはちがった視点で学びをデザインしなければならない。そのためには次の３つの視点が求められる。①人の感性を刺激し、一人ひとりの人生に影響を与える本や宝物の質を充実させる。②コレクションにかかわろうという気持ちを引き起こす感動を育む空間をデザインする。③人と人を結びつける働きかけをする仕組みを用意しておく。ここにあげた３つの条件がそろってはじめて、一人ひとりの夢を育む未来志向のミュージアムと定義することができる。

ガラスケースも必要もない。コレクションに感動を呼び起すための演出に気を配る必要もない。

生きるチカラを磨きあげ、その人の人生の糧になる「一冊の本」と「ふるさとの宝物」との出あいを提供することにすべてのエネルギーを注ぎ込む。「みんなのミュージアム」では、私たちの生きる営みにこそ知があり、生きる営みは学びでさらに磨きあげることができるというスタイルで運営されなければならない。

すなわち、知と学びは、私たちの暮らしと一体化しているという視点から、三つの装置を駆使して、「一冊の本」と「ふるさとの宝物」に光をあて、それにコミットメントを促すコミュニケーションが継続的に展開することを想定しておく。

■みんなのミュージアムの展開

「みんなのミュージアム」は、それぞれの生活シーンに組み入れられた「知と学び」のコミュニケーション空間である。既存の博物館、図書

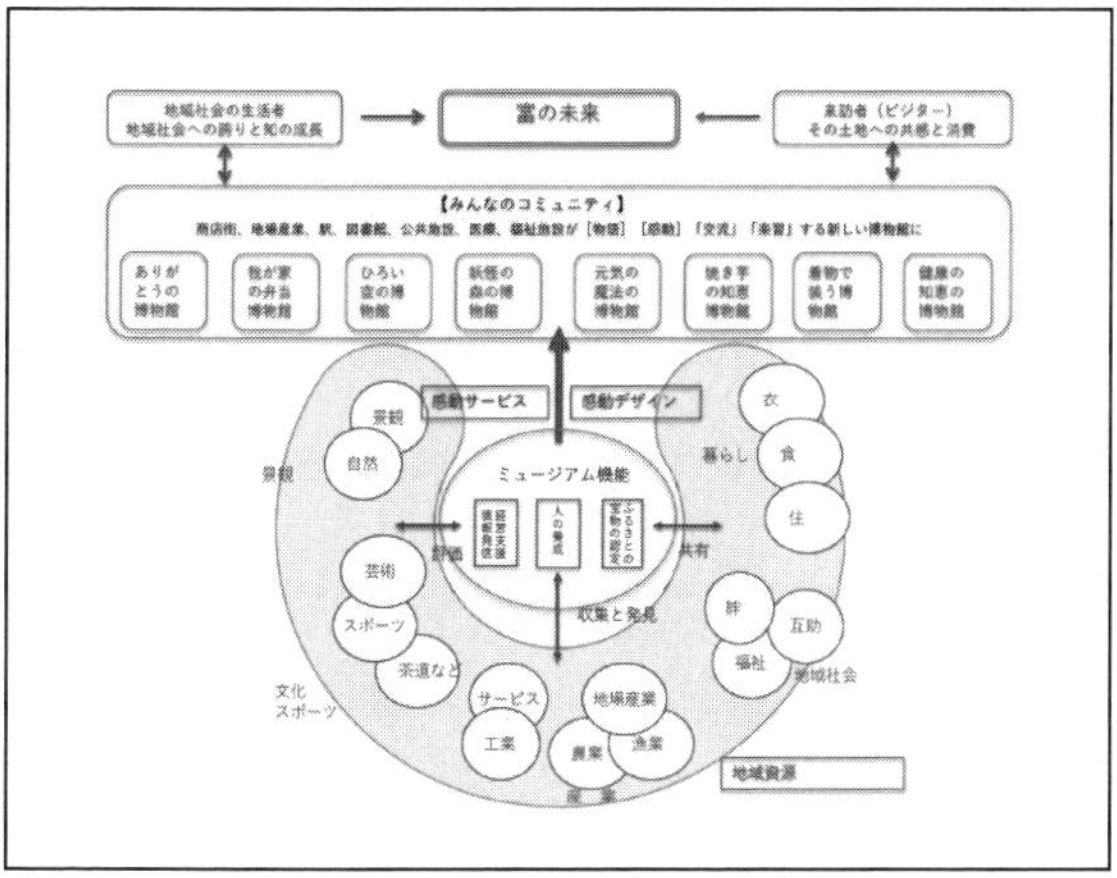

32：みんなのミュージアムの仕組み

地域社会に存在するあらゆる「モノ」や「コト」は未来の富を創造する可能性を秘めた「宝物の原石」である。身近な生活空間にある空間や景観、衣食住などの私たちの暮らしを物語化し、学びのプログラムにみがきあげ輝かせることで富を創造するモノやコトに生まれ変わらせることができる。そのように考えれば、商店街や地場産業はいうまでもなくさらには健康や福祉などにかかわる出来事などもふるさとの宝物としてミュージアムを構成する重要な要素に位置づけられることがみえてくる。

館のそれとはちがうから、規模の大きな施設をそのためにつくる必要はない。わずかな数であっても、あらゆる人々の好奇心を刺激し、想像力をめざめさせてくれる「ふるさとの宝物」と「本」があれば、少しのアイデアと人々の情熱があれば、誰にでも、どこにでも、容易につくることができる。

そうであるからこそ、人、モノ、情報が結びつきリンクする可能性がある場に、「みんなのミュージアム」をうみだすことは可能である。すでに「ふるさとの宝物」があるところに「ふるさと学芸員」のいるところにそれは次々に誕生している。それに加え、人を集めることができる場に、「みんなのミュージアム」を組み入れることも期待できる。

市庁舎エントランス、公民館、児童館、福祉センター、公園、道の駅など公的な施設は、「ふるさとの宝物」と「想像力を育む本棚」と「人と人を結ぶカフェ」という三つの装置を新たに組み入れることで「みんなのミュージアム」に生まれ変わらせることができる。

そこでは、いままでになかった自由な学びをアプローチする動機づけ

キッコーマン国際文化センター（野田市）

キャノンデジタルハウス（銀座）

が可能になる。そのことは、それぞれの施設に新たな機運を呼び起こすことになるはずである。
駅、ホテル、スーパーマーケット、病院の待合室、喫茶店、カフェ、商店街、神社・仏閣、スポーツジムなど民間の集客施設に三つの機能を組み入れることで、ふだん何気なく過ごしていた日常の生活に夢や感動があることに気づかせ、暮らしに新しい風を吹き込むことが期待できる。

官民のチカラを結集し、歩いて訪れることができ、「知と学び」に出あうことができ、気軽にコミュニケーションすることができる「みんなのミュージアム」をまちにたくさんつくることができれば、まち中にたくさんの「学びのコミュニティ」が誕生するだろう。

そして、まちそのものが学びの場、コミュニケーションの場に生まれかわることができれば、まちのすべてが、古代のアレクサンドリアがそうであったように、ミュージアムに生まれ変わることができるだろう。

和紙職人のミュージアム（烏山和紙会館）

小さい本のミュージアム（イギリスルイス）

第Ⅴの扉

みんなのミュージアム

ふるさとの宝物をいかし、夢を育みあしたをデザインする未来へのプロジェクト。

未来プロジェクト：コミュニティ・ミュージアム（瓜連まちの風土記）

那珂市は、小学校地区単位で、いままちで生活している一人ひとりを主役にした「まちの風土記」づくりを展開している。「ふるさとの宝物」を集める資質をみがいた地域キュレータとまちの人々がつながり、「瓜連地区まちの風土記」49 巻が完成した。瓜連地区では、現在「まちの風土記」を活用して夢を探すミュージアム活動が行われている。

時空を超える知の冒険を繰りひろげてきたこれまでの一七の章をとおして、読者は、いま求められる「みんなのミュージアム」をイメージすることができたと思われる。

ここから先は、実際に行われている「みんなのミュージアム」の具体的なカタチにふれ、その意義と役割、そして可能性について明らかにすることにしよう。

「みんなのミュージアム」は、そのために特別な予算措置や制度設計を必要とするようなものではない。博物館や図書館などの学習事業にたずさわる人々が、心のバリアをとりのぞいて、いままでの仕事の発想とそのやり方を変えるだけで、やろうと思えばあすからでも実行できるプロジェクトである。

それゆえ、プロジェクトを実行する際のヒントを得るという視点からそれぞれの事例を整理することにした。

これまで国の予算がつき、周到な準備を経て実施された事業の多くは予算がつかなくなると、霧散霧消してしまう。そのようなケースが圧倒的に多く、カネの切れ目が縁の切れ目になってしまう。

　そのような事態を回避するために、話題性やイベントという要素はできるだけ避け、持続的に活動が行われ、成果をあげ、事業としてカタチができあがりつつある事例をとりあげるようにこころがけた。

　これから紹介する一二の事例については三つのカテゴリーに区分し、三章展開で編纂している。

　第18章は、地域社会をミュージアムにする構想と事業について、そして第19章は、ミュージアムのまなざしで創造した新しい学びの事例について。そして、第20章は、日本地域資源学会を舞台に、筆者と問題意識を共有する文化起業家たちが開拓した新規事業について考察していくことにする。

第18章　地域社会をミュージアムに

「みんなのミュージアム」を実行するためのハードルはそれほど高くはない。いま地域社会にある宝物を活用し、地域社会に「知と学び」を降り注ぐためのコトを起こすことができれば、誰をも学芸員にすることができ、まちに小さなミュージアムをつくることができる。

いままでの視点と仕事の仕方を変えれば、博物館や図書館を持っている自治体であれば、そのメンテナンス費用を業務委託に振りわける程度の予算措置であすからでも実行できるプログラムであろう。

「みんなのミュージアム」というまなざしでみてみると、公的な博物館や図書館が事業を縮小していく一方で、新しいミュージアム活動が次々に出現し、めざましい成果をあげていることがみえてくる。

ソウル特別市視冠岳区は、首長がリーダーシップを発揮し、市庁舎の一階に小さな図書館をつくり、市民に、「知と学び」をふり注ぐサービスを導入した。その結果、市民の市役所へのニーズが変わり、市役所の職員の意識も劇的に変わりつつある。

おカネをとおして、人々の夢を応援するという忘れていた銀行のミッションに気がついたスルガ銀行は、みんなの夢を応援するためのライブラリーと学びのワークショップを展開する新しい銀行づくりに挑戦し、成果をあげている。

オフィス家具メーカーである株式会社イトーキは、人を磨き、情報を創造する企業への転換をめざし、ミュージアムの視点を組みいれたオフィス環境を整備した。

地域社会に埋め込まれた社会装置を見直してみよう。地域社会の神社仏閣は、昔から地域社会の文化を守り、つくる活動を担う存在で、そこにはそのまちで生活した人々の生きるカタチが刻み込まれている。

個店の集合体である商店街は、衣、食、住をテーマにしたミュージアムとして考えることができる。商店街のミュージアムでは、それぞれの分野で暮らしを豊かにするモノにこだわりを持ち、その使い方を語ることができる学芸員がいる。彼らが持っている潜在的なチカラをいかすことができるなら、ミュージアムにも、そしてライブラリーにもすることができる。

この章では、博物館や図書館といういままでの目のうつばりをとりのぞいて、地域社会や企業で起きている未来への挑戦にまなざしを向けるようにした。読者には、それらの新しいミュージアム活動に着目することで、ミュージアムの未来への可能性について新たな発見をしてもらうことを期待した。

みんなのミュージアム1

市庁舎をみんなが夢を探すミュージアムにする龍を夢見る小さな図書館（ソウル特別市冠岳区）

市庁舎は、市民が毎日出入りするところで、情報と市民サービスの最前線の場である。市庁舎は「コミュニティ・ミュージアム」としてデザインされなければならない。

しかし、近年は無駄を減らす行政の流れの中で、市民が情報を共有し、交流し、成長し続ける場を整備するという視点は忘れられている。

ソウル市冠岳区は、市庁舎のエントランスにカフェ形式で、一万冊を配架し、キッズルームと七〇席の閲覧室を併設した「小さな図書館」を開設した。

ここでは、本を背景にした小さなコンサートや展示会や交流イベント、本と暮らしを縁結びしたワークショップが定期的に開催されている。夕方になると、パーティー会場にも、若者が情報を発信し、交流するサロンにも生まれ変わる。

本がある暮らしとその楽しさが体感できるようなさりげないはたらきかけがあふれている。本を糸口にした交流で、人と情報、人と人が結ばれ、何かを引き起こす場になっている。

そして、夢を探すための小さなミュージアムに生まれ変わった市庁舎には、夢を探し、何かをしたいと思う市民がたくさん訪れるようになった。

彼らとかかわるうちに、職員にも市民が夢を探すための支援をしなければという意識もめばえはじめている。

まちを再生するはじめの一歩にふさわしい、いつからでも、どこでもできるプロジェクトである。

市庁舎をみんなが夢を探すミュージアムにする

33：龍を夢見る小さな図書館（ソウル特別市冠岳区）

冠岳区長柳鍾珌の「まち中の歩いて10分で行けるところに図書館を創設する」というマニフェストの目標を理解してもらい、冠岳区が目指している新しいタイプの図書館のイメージを共有してもらうために、市役所の一階ロビーをカフェ形式の小さな図書館に改装した。

①面積：230㎡（複層構造）、図書10,000冊の蔵書がある。

②空間構成

・一般閲覧室、キッズルーム、エントランス空間

・市民の交流に、ワークショップなどに利用できる

③図書の構成：社会経済、文学、アート、市民活動を中心とした10,000冊が配架されている。

④利用実績：850,000人（2013年）

⑤青龍洞1570-1　冠岳区庁本館1階

みんなのミュージアム2
公的サービス施設の小さな本のミュージアム
本と遊びと図書館（ソウル特別市冠岳区）

医療福祉、健康増進、スポーツ、生涯学習、ゴミ処分場などの生活者にとって最前線の社会サービスを展開する施設を持っている自治体が少なくない。

体力づくりの器具や温浴などその施設の設置目的を実現する機能に加え、それぞれの施設のテーマに関連して新たに「知と学び」のヒントを提示する「小さな本のミュージアム」を加えてはどうだろう。

本を配架して、利用者を学びへ誘う問いかけをするだけで、予算化しなければならない講座や教室を開催しないでも、毎日の食や生活改善などにかかわる「知と学び」のヒントを提示することができるようになる。

そのような施設で本と出あった生活者一人ひとりは、より高いレベルの知の成長に誘われ、学びの輪はさらなるひろがりをみせることになるだろう。

博物館や図書館などの敷居をとり払い、それぞれの施設に、利用者が楽しめる本を持ち込み、利用者の興味関心を刺激するように展示をしたり、利用者が夢を育むことができる学びのスタイルを提示してみるだけで施設のイメージは変えることができる。それは担当者のやる気と情熱次第である。

ソウル市冠岳区は、中心市街地の空きビルを活用し、そこを児童福祉施設にした。小さな空間に子どもの遊具と親と子が本と楽しくかかわる小さなライブラリーを併設した。

子どもを室内の遊具で遊ばせながら、子育ての本を手にとっている親がいる。楽しくゲームをしている親子がいる。ここではけっして本が主役ではないが、気軽に本を手にとってみたいと思わせる雰囲気が形成されている。そして、それは、私たちが目指す「みんなのミュージアム」の理想の姿でもある。

公的サービス施設の小さな本のミュージアム

35：本と遊びと図書館（ソウル特別市冠岳区）

新倉文化福祉センターを図書館複合施設として改修した施設である。小さな図書館内に遊び場と乳幼児のための親子ルームを設置している。この空間は、狭いスペースで、遊びながら、くつろぎながら、いつでも気軽に本を手にすることができるようにデザインされている。ここでは、生活の中にある読書について新たな発見ができる。

①面積：210㎡

②空間構成：閲覧室、授乳室、プレイスペース（遊具）

③図書の構成：子どもの絵本、教育図書、子育て図書、母親に読んでもらいたい図書を中心 5,000 冊を配架している。

④利用実績：24,259 人（2012 年）

⑤住所：幸運洞 1675-12 2 階

みんなのミュージアム3
銀行をみんなの夢を探すミュージアムに
スルガ銀行dラボ

おカネは夢を実現するための道具で、夢がなければ紙くずになってしまう。人々が未来への夢を持つためのお手伝いをする活動があってはじめて経済は動く。

いままですっかり忘れていた銀行の使命に気がついたスルガ銀行は、銀行の中に、利用者が夢を探すためのお手伝いをする研究所（学びの場）を次々に開設している。現在、東京ミッドタウン、二子玉川、湘南、静岡の四つの店舗で事業が展開している。

dラボには、夢を探すカフェ形式のライブラリーが設置され、誰もがライブラリーを活用しながら夢を探すことができるようそのお手伝いをするスタッフが配属されている。

一人ひとりが気軽に参加し、学びの輪をひろげるための夢を探すためのワークショップ型のセミナーを定期的に開催している。

星空コンシェルジェによる「薄明を楽しむ」「三日月を楽しむ」、漢方医による「キレイになるための漢方・薬膳料理」、親子での「紙飛行機教室」など誰もが気軽に参加し、交流し、夢を探せるような魅力的なプログラムがたくさん用意されている。

これらのプログラムは、夢を探すお手伝いをするという目標を実現するために、dラボに配属された銀行員が、銀行を利用するお客様の声を集め、自分の足で歩いて探してきたプログラムである。dラボは、銀行員が持たなければならない大切な資質を磨きあげる場にもなっている。

銀行をみんなの夢を探すミュージアムに

36：スルガ銀行 d ラボ

自分のこれからを変えたいという change への希望、じっくりとライフスタイルを考えたいという思い think、もっと自由に人生を楽しみたいという遊び play を応援する。そのためにつくられた知と学びをふり注ぐミュージアムが、d-labo である。銀行と人が対等の関係で、新しいライフスタイルを創造するというコンセプトで、現在、東京ミッドタウン、二子玉川、多摩プラーザ、湘南、静岡で展開している。

①東京ミッドタウン／東京都港区赤坂 9-7-1 ミッドタウン・タワー 7F

②二子玉川／東京都世田谷区玉川 2-21-1 二子玉川ライズ・オフィス 12F

③たまプラーザ／神奈川県横浜市青葉区新石川 2-2-1 たまプラーザテラス サウスプラザ 1 階　ISETAN 3 階

④静岡／静岡県静岡市葵区呉服町 2-1-5 五風来館 3 階

みんなのミュージアム4
構想力をみがくビジネスカフェ
株式会社イトーキ 東京イノベーションセンターSYNQA（シンカ）

企業とは、ライバルたちと競争し、利潤を追求し続けなければならない。二〇世紀までの産業の時代はそう考え、ライバルたちとの差別化のために情報を統制、管理する要素にエネルギーを費やした。

ところが、情報社会になると、いくら秘匿したところでも情報は共有されてしまうから、その優位は失われてしまう。そこで生き残るためには、つねに新しいアイデアをうみだし、技術革新し続けなければならなくなった。

新しいアイデアを構想し、技術革新を担うのは、人である。そうであるから、これから先の企業は、人を磨き、つねに新しい知と情報を創造する仕組みづくりに、エネルギーを注ぎ込まなければならない。

オフィスはその起源をさかのぼると、一八世紀に誕生したコーヒー・ハウスとミュージアムにたどりつく。そこでは、世界中を旅したプラントハンターが持ち寄ったモノや情報を糸口に好奇心旺盛な人々が集い、人・モノ・情報が縁結びされ、新しい事業が次々に誕生した。

オフィス家具メーカーのイトーキは、東京の京橋本店の一階に、発見の場SYNQAを設置した。参加者がゆるやかにつながり、情報をやり取りし、成長するために設立されたこの施設は、本とデジタル機材、オフィス空間とカフェがシンクロした構成になっている。

一八世紀のコーヒー・ハウスのように、この場を訪れ、滞在する人々の想像力が刺激されるような学びを引き起こす空間にデザインされている。情報を創造し、育まなければならない文化企業の未来のカタチがここにある。

構想力をみがくビジネスカフェ

37：イトーキ SYNQA(東京都京橋)

新しい発想を生み出すためには、企業の枠を超えて、参加者がゆるやかにつながり、新鮮な情報をやりとりしながら、継続的に新たな発見ができる場が必要であるという問題意識から設計デザインされた知の場である。1階の WORK CAFFE は、カェ空間と企画展示、ライブラリーが配置され、「人」を想像と創造の世界へ誘う知を横断するワークショップが開催され、ビジネスや領域を超えた多彩な人材の交流が行われている。

■名称：イトーキ東京イノベーションセンター SYNQA

■住所：東京都中央区京橋 3-7-1　相互館 110 タワー 1-3F

みんなのミュージアム5

神社仏閣をみんなのミュージアムに
茨城県桜川市薬王寺

神社仏閣は、ふるさとの人々が集う鎮守の森で、あすのふるさとを担う子どもたちを育む寺子屋でもあった。そして、人々が持ち寄ったふるさとの宝物を守り、記録し、未来に継承する活動も続けている。神社仏閣は、公的な博物館が成立するより昔からふるさとのミュージアムであり続けてきた。

茨城県桜川市に青木集落という小さなコミュニティがある。江戸時代の終わり頃には疲弊しきった青木集落の生活者は、いまでいうまちづくりプロデューサであった二宮尊徳に指導をあおぎ、ムラの再興をなしとげた。

青木集落で生活する人々が守りつないできた薬王寺は、その後小学校としても活用された。入学式、運動会、学芸会、卒業式などに加え、季節の催し物を、互いに助けあって開催していた。薬王寺では、地域社会の人々が教員となり、スタッフとなり学校を動かしていた。地域社会がチカラをだしあい、助けあうそれは、尊徳の教えを継承したスタイルで、それはいまでいうところのコミュニティスクールを先取りしたものであった。

そのような伝統があり、かがやき続けてきた青木集落も、現在、少子化の流れで、まちの過疎化がすすみ、まちの歴史への誇りも失われつつある。

日本地域資源学会は、ふるさとの歴史をつくってきた薬王寺に、いま生きている青木集落の人々の幸せを記録した物語絵本を持ち込み、誰もが楽しく学ぶことができる働きかけをするという目標を設定した。そして、ふるさとの人々を主役にした「まちの風土記」を製作し、読書会とデジタル上映会を開催するなど薬王寺をミュージアム・コミュニティにする活動を支援している。

神社仏閣をみんなのミュージアムに

38：茨城県桜川市薬王寺

薬王寺の山門は、二宮尊徳が指導した復興事業で再建された青木堰の廃材が使用されている。青木堰の改修により使われなくなった木材を再利用することで、尊徳の教えと先人の取り組みを後世に伝えるための記憶を刻み込んだ建造物である。

■名称：薬王寺

■住所：茨城県桜川市青木 1375　TEL：0296 - 54 - 4569

みんなのミュージアム6

商店街のふるさとミュージアム
茨城県常総市水海道

茨城県常総市水海道は、江戸中期から鬼怒川と小貝川の水運で栄えた商都で、中心市街地には、当時の繁栄の足あとが刻みこまれている。

いまでは、すっかり疲弊した商店街ではあるが、万年筆の専門店、手焼き煎餅、製麺店など個店が持っている特殊な技や商品の目利きであることをいかして、成果をあげている専門店がある。まちの歴史を語ることができるふるさと学芸員も多数いる。まちそのものが、ミュージアムとして成立している。

二〇一三年から、常磐大学、学習院女子大学、清泉女子大学で地域社会のための学芸員を志して研鑽を積んでいる現代のプラントハンターである学生たちが三年間でのべ三五〇名で地域資源調査を実施した。そして、水海道の宝物を小さなブックレットにまとめ、二三巻の「まちの風土記」が完成した。

二〇一五年年九月一〇日と一一日に関東・東北大豪雨により、常総市の三分の一が浸水した、そして水海道は未曾有の被害を受け、多くの人々にとってそれまではあたりまえであった日常生活は失われてしまった。

これまで製作した「まちの風土記」を活用し、人々に元気をとり戻してもらうことと新たにはじまる復興のためのビジョンづくりに活かしてもらいたい。そのような趣旨で、新たに地域資源調査を実施し、鬼怒川の氾濫と被害を克服しようとする人々の熱い情熱を物語に加え、五〇巻のライブラリーが完成した。

現在、日本地域資源学会は、完成した五〇巻の「まちの風土記」を、商店街のブックカフェに展示公開し、ふるさとの宝物を見直し、あしたへの夢とビジョンを創造するためのワークショップを展開しているところである。

商店街のふるさとミュージアム

39：茨城県常総市水海道

水海道はその地名が物語るように、鬼怒川水運の重要な拠点で、河岸が成り立ち、一と六の日には、六斎市も立ち商業町として機能していた。特に江戸時代中期以降からは、「鬼怒川の水は尽きるとも、その冨は尽くることなし」と称されたように、まちに、豪商たちが店を連ねていた。いまは、商業地の機能は失ってしまったけれども、五木宗のレンガ蔵や鍵屋河岸倉庫などの建築物をはじめ、江戸から昭和の時代にかけて人々が刻み込んだ文化の足あとをみることができ、当時のまちの誇り受け継ぎ、暮らしを楽しみながら文化を創造している「暮らしの学芸員」に出あうことができる。「まちの風土記」は、ロコレデー水海道本店の２階のＲ２カフェで、展示公開している。

■名称：Ｒ２カフェ

■住所：茨城県常総市水海道宝町 2736-2

第19章　暮らしを豊かにする新しい学びのスタイル

明治のはじめに「天は人の上に人をつくらず、人の下に人をつくらず」というキャッチコピーで近代の日本社会をデザインしたのは福沢諭吉である。当時ベストセラーとなった『学問のすすめ』は、近代の日本人の生きるカタチと社会の仕組みを決定づけたバイブルのような存在であった。『学問のすすめ』をみてみよう。

人は生まれながらにして貴賤・貧富の別なし。ただ学問を勤めて物事をよく知る者は貴人となり富人となり、無学なる者は貧人となり下人となるなり。（以下中略）これらの学問をするに、いずれも西洋の翻訳書を取り調べ、たいていのことは日本の仮名にて用を便じ、あるいは年少にして文才ある者へは横文字をも読ませ、一科一学も実事を押え、その事につきその物に従い、近く物事の道理を求めて今日の用を達すべきなり。

ここに記された思想が起点になり、生活を豊かにし、立身出世の道具として、西洋の知というお手本に接近し、読み、覚え、書くを基本にした教育のスタイルが確立した。

福沢諭吉をはじめ明治のリーダーたちが参考にしたのは、一九世紀に産業を中心に社会を動かすことで、めざましい繁栄をとげていた欧米のそれであるのはいうまでもない。

彼らがモデルにしたそれは、欧米で行われていた一九世紀の教育である。産業社会で活躍できる人材を養成するために創設した学校を中心にデザインされたもので、ミュージアムは、学校の付録のような存在に位置づけられていた。

ミュージアムの本来の原義を参照することなく、学校という制度を模倣して制度設計したそれでは、知を創造する視点、知を育み成長させるという視点、すなわち、いまを変え、新しい未来を自らデザインするという教育の視点は忘れられてしまった。

一九世紀から二〇世紀の日本の教育と社会を変え、新たに創造するために『学問のすすめ』が果たした役割は大きなものがあるのはそのとおりである。

しかし、すでに二一世紀を迎え、「産業の時代」から「情報の時代」へ急速な転換がすすんでいる。そこでは、「知と学び」のあり方に劇的な変化が訪れている。そういう社会的な背景を視野にいれるなら、いまこそ『学問のすすめ』を捨て去り、それに変わる新しい知と学びの仕組みを構想し、提起しなければならない。

新しいそれを構想するために忘れてはならないのが、福沢諭吉をはじめとした明治のトップリーダーたちが見失ってしまった「知と学び」を創造し人々を限りない成長に誘うミュージアムのアプローチである。

そしてミュージアムのアプローチを活用した「知と学び」を構想することは、いま、地球規模で果たさなければならない大きな未来プロジェクトとなっている。

■ブータン王国
インドと中国という大国に挟まれたヒマラヤ山脈南麓に位置する九州とほぼ同じ面積（約三・八万平方km）の国土を持つ国家。標高三〇〇〇mの亜熱帯から高低差に、約七〇〇〇mの高山帯に至るまで、約七〇万人が生活している。一人あたりのGDPは一九二〇米ドル（世界銀行、二〇一〇年）である。

■国民総幸福（GNH）
一九七〇年代にジグミ・シンゲ国王が提唱した施策である。伝統的な社会・文化や民意、環境にも配慮した「国民の幸福」の実現を目指す考え方である。経済成長に代わる指標として「家族は互いに助けあっているか」「睡眠時間」「植林したか」「医療機関までの距離」など七二の指標を策定し、それを実践する施策を展開している。

その成功事例のひとつである「世界一幸せな国」をめざしているGDP最貧国の一つであるブータン王国の「世界で一大きな本をつくるプロジェクト」を参考に考えてみよう。

「世界一幸せな国」を実現するためには、誰もが幸せを学ぶことができる機会が必要であると考えたプロジェクトの担当者は、人々を魅了し、成長させる本という学びの道具に着目した。そして、誰もが楽しく、「ブータンの幸せ」に気づき、それを共有することができる本をつくる活動をスタートさせる仕組みをつくりあげた。

マサチューセッツ工科大学、ワシントン大学の学生と職員が連合チームをつくり、それにブータンの学生、ブータン政府関係者、ブータンの写真家と観光ガイドが加わり、ブータンの子どもたちと小さなまちやムラを歩き、いまブータンで生活している人々の幸せな物語を写真に記録した。四万点を超えた写真から選別し、物語にした見開きサイズで五×七フィート(約一五〇×二一〇cm)、重量は約一三〇ポンド(約五九kg)の「世界一大きな本」が完成した。

■世界一大きな本
ブータン王国の風景や生活を掲載した巨大な写真集。見開きサイズは五×七フィート(約一五〇×二一〇cm)で、重量は約一三〇ポンド(約五九kg)。マサチューセッツ工科大学のMichael Hawley氏が企画立案し、マサチューセッツ工科大学とワシントン大学の学生や職員、ブータンの写真家とガイド、ブータンの学生、さらにブータン王国政府からの協力も得て四万点以上の写真を撮影した。

そのようにして完成した大きな本は、人が集まる教会や市場に展示された。そして、ふるさとを理解するワークショップがくりひろげられた。

「世界一大きな本のプロジェクト」は、体系化された知のお手本から学ぶ、そして一冊の本と向きあう静かな読書という二〇世紀の学びのアプローチとは異なる新しいアプローチとして、デジタル時代の学びを先取りする新しい学びのプログラムとして内外から高い評価を得ることになった。

ブータンで繰りひろげられた大きな本を使い、みんなで語りあい、知を楽しみ、成長する新しい学びのスタイルは、一八世紀のミュージアムでくりひろげられた学びと共通する部分があまりにも多い。

この章では、いま地球社会が注目している森羅万象に価値をみいだし、人・モノ・情報が縁結びしながら新たな知を育むミュージアムの学びのスタイルとその具体例について、学校教育の補完的な役割を担う施設として位置づけられてしまった一九世紀の博物館、図書館とのちがいをきわだたせながら、考察をすすめることにする。

みんなのミュージアム7

本の回廊
ソウル市中央図書館

二〇一三年には、八万二五八九冊の新刊が刊行されている。出版不況が指摘される中にあっても、新しいテーマの研究や創作活動が次々に登場し、毎年八万冊の本が出版されている。

そして、住民のニーズに応えることを使命にしている日本の多くの地域社会の図書館は、できるだけたくさん本を所蔵し、整理することで、誰もが本を容易に検索しやすくする活動にエネルギーを費やして、毎年刊行される図書や資料を追っている。

しかし、あらゆる図書館がこの使命を追求していくと、日本全国に金太郎飴のような図書館が乱立してしまう。果たしてそれでいいのだろうか。

そのような価値観を変えて、図書館に所蔵している「図書を糸口にあしたの夢や感動を発見するように働きかける」という目標を設定してみるとちがう図書館の風景、すなわち、「展示する図書館」という課題がうかびあがってくる。

それは、利用者の知の成長をはたらきかけるという視点から本をそろえ、見せるというアプローチである。最近、一人ひとりの学びを刺激するという利用者のまなざしから ブックディレクターという仕事が注目されている。出版不況であるからこそ、本と利用者を結ぶ活用に光があたってきた。

「五感を使って本の魅力に気づく」という趣旨で利用者が巨大な本棚をわくわくしながら探検する空間としてデザインされるミュージアムが次々に誕生している。これから先、ミュージアムとライブラリーは限りなく融合していくだろう。

本の回廊

40：ソウル市中央図書館

日本統治期の 1926 年に、京城府庁舎として建築され、終戦後はソウル市庁舎として使われていた。2008 年から 4 年の歳月をかけて図書館に改修した。この図書館は、ソウル市の新しい図書館文化を構想する政策立案機関である。およそ 20 万冊に及ぶ蔵書を持ち、それらの蔵書を活用しながら人と本との新しいかかわりを提起するサービスの創造に挑戦し、ソウル特別市を構成する 25 区で地域の小さな図書館の支援をしている。

■住所：ソウル市　中区　太平路 1 街

みんなのミュージアム8
本でピクニック
東京ミッドタウン ミッドパークライブラリー

芝生に寝ころんで、空をみあげながら空の本を読むと空のイメージがふくらんでゆく。お弁当を食べながら本を読んでみるのも楽しい発見がある。生活シーンと本を結びつけることで、新しい感動に出あうことが可能になる。

近年、このような新しい読書スタイルを提案するプロジェクトが次々に実施されている。

毎年五月の連休に、東京ミッドタウンでオープン・ザ・ガーデンが開催されている。ここでは、芝生で本を読むことで新しい感動に出あうことができる三冊の本が入っているバスケットを借りることができる。カフェやショッピングに持ち込んでもかまわない。夕方になると朗読コンサートもある。

スルガ銀行のdラボのブックコーディネイトも手がけた幅 充孝氏がセレクトしたとっておきの三冊がバスケットにはいっている。このプログラムに参加することで、私たちは、本がある暮らしの感動や楽しさに出あう体験ができる。

いますでに図書館にある本を活用するという視点にたち、蔵書の充実にあてていた労力やコストをこちらに振り向けるだけで、あすからでも実施できるプロジェクトである。

近年駅や集客施設に本を配架するプロジェクトは全国で起きてきてはいる。しかし配架しただけで、その先に踏み出せないでいる例が多い。このような本と生活を結ぶさまざまなプログラムがあらゆる施設で導入されることを期待したい。

本でピクニック

41：ミッドパークライブラリー（東京ミッドタウン）

ミッドパークライブラリーは、東京ミッドタウンの芝生広場を舞台に、毎年ゴールデンウィークに開催される家族のためのイベント、オープン・ザ・ガーデンのイベントの一つである。ブックディレクターの幅 允孝氏が50のキーワードを設定し、新しい本とかかわりに出あうという視点で選書した本3冊と、レジャーシートが入ったバスケットが無料で貸し出される。夕方には、朗読コンサートなどが開催される。

■東京ミッドタウン

■住所：東京都港区赤坂9-7-1

みんなのミュージアム9

想像の翼をひろげる大きな仕掛け絵本
エコフロンティアかさまの環境学習施設

地球環境問題は私たちの暮らしと深くかかわっている。その解決にアプローチしようとするなら、身近な暮らしと地球を縁結びする学びのデザインは避けてはとおれない。

迷惑施設である産業廃棄物処分場に、みんなの生活意識を変えるミュージアムをつくろう。そのような目標を設定し、筆者が笠間市にある産業廃棄物の処分場に、自ら設計デザインした施設である。

これまでの環境学習は、理科的な要素、社会科的な要素、家庭科的な要素など教科の縦割りで分断されてきた。そこでは、日々の暮らしと地球環境、ましてそれが歴史的視野やコミュニティと結びつくプログラムは想定すらされていなかった。

そのように分断さてしまった学習要素を組みあわせて、物語にして楽しく学べるように編集し、大きな仕掛け絵本を完成させた。

仕掛け絵本は、絵と文字、音楽と映像を縁結びしながら、誰もが楽しく本やふるさとの宝物にふれることができ、施設を訪れた利用者がゴミを糸口に地球の不思議と幸せのヒントを探していく物語空間としてデザインしている。

仕掛けに触れ、大きな本を読み解きながら、物語に参加することを念頭にデザインしている。

①ゴミがあふれたまちに築かれた古代都市国家ローマ、ゴミで滅亡したポンペイ。②厳しい大自然とともにくりひろげられる生命の循環。③大量生産と大量消費をきりひらいた産業革命のまち。④サスティナブル社会であった江戸の日本。⑤そして地球が悲鳴をあげはじめた私たちの世界。施設の利用者は、以上の五つの歴史・地域を探検し、チカラを与えてくれる友達に出あいながら、生命が循環する地球の素晴らしさと生きる知恵を身につけ、成長する。

想像の翼をひろげる大きな仕掛け絵本

42： エコフロンティアかさまの環境学習施設

ある日、不思議の世界に迷い込んだ少年大地くん。この世界は、巨大な地球博物館。博物館では、地球40億年の歴史でつくられたされたモノが、けっして消え去ることはなく、そのまま遺され、収蔵され続ける。歴史書で知ることしかできない、滅亡したエジプトや巨大都市国家ローマもそのままのカタチで遺されている。そこには、ゴミというものがない。人間や動物のうんちもなければ、もちろん死もない。ゴミのない世界、生きとし生けるものは、ここに収蔵され、並び飾られていく。大地は、くんは、巨大絵本を読み解き、5つの秘密を探し出し、封印を解くための旅にでる。

■名称：財団法人茨城県環境保全事業団エコフロンティア笠間
■住所：茨城県笠間市福田165番1
■電話：0296-70-2511

■大きな仕掛け絵本を読み解くヒント

暮らしを考える〕
)私たちのまちとのちがいを探そう。
)水を得るためにどんな工夫があるか。

道具を考える〕
)建設現場で使われている機械は何か。
)船や建物に使われていた原料は何か。
)レンガをつくるために必要な原料は。
)台所で使われていた道具は何か。

〔エネルギーを考える〕
①明るくするために使われた道具は。
②荷物を運ぶのに何が使われていたか。

〔ゴミを考える〕
①昔の世界にゴミはあったか。
②木材をたくさん使ってた理由。
③木材を消費し過ぎて何が起きたか。

■古代ローマの滅亡とゴミの物語

■学びを促すための仕掛け

〔ねらい〕
古代ローマのまちの様子や人々の生活を読み解き、自然を活用する知恵や技術の驚きに気づき、昔からあったゴミや環境問題を考える。

〔仕掛けに組み入れた学習〕
①台所：のぞき窓で、調理道具、食物とゴミの行方を探る。
②一日のエネルギ：めくりパネルで、一日の生活を4コマで紹介し、エネルギー事情に気づかせる。
③科学技術：組み立てパズルで、水道や造船、建築など科学技術に気づかせる。
④減少する森林：ハンドルをまわすと、レンガを焼いたり、建築のために木材が使われ、森林が伐採され、ハゲ山になる。

第20章　ふるさとの宝物をミュージアムに

田中芳男が博物館の世界から退いて以降、我が国の博物館と図書館は、グローバルな視点から収集、記録されたコレクションを多く抱えることになる。欧米の知と科学技術へのキャッチアップを実現するため、一九世紀の学びのアプローチを基礎にして形成された学校教育の付属装置であるのだからそうせざるをえなかった。そこでは、生活や地域社会にある知恵や経験にふれるよりも普遍的な科学や経済社会の豊かさに直結する技術を学ぶ方が、価値が高いというイメージが定着してしまった。

その結果、教育界では、グローバル教材が溢れる一方で、生活課題と結びついたローカル教材がほとんどみあたらないという事態が生じてしまった。我が国の場合、暗黙知のままにとどまっていたそれらを文字化することを積極的に行ってこなかったため事態はより、深刻である。

地方の時代、地方創生というテーマが設定されてはいる。しかし、肝心の地方について、その地方をテーマにコミュニケーションするための情報もなければ、地方を知って、学んでもらうためのコンテンツすら準備されていないのだから、その先にふみだすことは不可能である。

そのような社会的背景を視野にいれるなら、何よりもはじめにとりかからなければならないのは、ローカル情報を発見し、それを糸口に、人々がコミュニケーションを豊かにする活動を展開することであろう。

そうしなければならないという思いから、スタートした事業が「ふるさとの宝物」探しで、それを物語化したものが、「まちの風土記」づくりである。

現在、私たちは「まちの風土記」を活用し、地域社会と地球社会、過去と未来を縁結びすることで、その地域社会で生活する人々をかがやかせるプログラムを開発し、実践している。その一連の取り組みが、あしたのミュージアムプロジェクトである。本章では、私たちがいま取り組んでいる事例を報告する。

みんなのミュージアム10

まちの宝物さがし、まちの風土記をつくる
ふるさとプロジェクトとまちの風土記（茨城県那珂市ほか）

いまその土地で生活している一人ひとりが参画しそれぞれが学びあう新たなミュージアムの仕組みを動かす。そのミッションを実現するために試行錯誤してたどりいたプロジェクトである。

私たちは、その土地の生活者が、どこにでも、あたりまえのようにあるモノやコトと思いこんでいる景観や暮らしのカタチにまなざしを向けた。

なぜなら、暮らしに根ざしたそれらの生活風景こそ、いま生きている人々のコミュニケーションを深めるテーマで、プロジェクトへの参加を促し、コミュニティのチカラを育むための学びに昇華しやすいからである。

あたり前の生活として見過ごされていたそれに価値を注ぎ込む人材として、地域資源学芸員すなわち、地域キュレータを送り込む。

ふるさとの宝物を探すトレーニングを積んだ彼らが、その土地の人々とともにまちを歩き、人々と語りあい、その感動を記録し、物語化する。

そのようにして収集した「ふるさとの宝物」を、画像と文字を配列し、誰もが楽しく学ぶコトができるようにデザインして、宝物ごとに一冊の冊子として編集した成果物が、「まちの風土記」である。

「まちの風土記」を手にすることで、ふだんは見えなかったふるさとの魅力がみえてくる。そして、人々が持っている暮らしのチカラが発見できる。それらのメッセージを読み取ることで、夢を探すためのヒントをみつけることができる。

たくさんの宝物をライブラリーにした「まちの風土記」は、外に持ち出し展示できるようにデザインしている。

「まちの風土記」を外に出し、駅や学校、病院など人が集う場で展示することができれば、誰もが自

由なスタイルで「ふるさとの宝物」を知り、楽く学び、夢をデザインするヒントを得ることが期待できる。

日本地域資源学会では、「ふるさとの宝物」を発見できる人材、すなわち「地域資源学芸員」を養成し、全国に派遣し、「地域資源学芸員」が収集した宝物を物語化し「まちの風土記」を編集している。

それにあわせて、その成果を人々にプロモーションするための展示会とワークショップを開催している。二〇〇六年から桜川市、常総市、そして那珂市で実証実験を実施し、成果物を製作している。

現在はその成果をさらに発展させ、伝統工芸などの分野でも職人の思いやこだわりを伝える物語づくりを構想しているところである。

「まちの風土記」プロジェクトは、自治体のみならず、コミュニティ単位でも、小学校単位でも、あるいは地域社会を超えた多様なコミュニティでの展開が可能である。「みんなのミュージアム」を実現するためのスタートプロジェクトとして全国展開することを目指して、取り組んでいるところである。

〔1〕ふるさとの宝物を探す

43：歩く、みる、聞く、記録する

日本地域資源学会が提供するプログラムでふるさとの宝物を探す資質をみがきあげた地域資源学芸員（＝地域キュレータ）がチームを編成して、カメラやスマホを持って楽しくまちを歩き、生活者にインタビューをする。

地域キュレータたちは、その土地で生活する人々出あい、結びつきながら、まちでみつけた感動、人々との出あいをとおして気づいた未来の夢や暮らしのヒントを記録する。

地域キュレータたちがまちを歩くことで、まちにいままでなかったコミュニケーションがうまれ、人と人がつながる機運がうまれる。

〔2〕ふるさの宝物を物語にする

44：みつけた感動をデザインする

探し出してきた「ふるさとの宝物」は、そのまま文字にするだけでは、知られないまま埋もれてしまう。より多くの人々に気づいてもらうためには、直感的に誰もが楽しく学ぶことができるようにデザインする必要がある。

地域資源を物語化する資質をみがいた地域キュレータが、画像と音声、そしてことばを縁結びして、誰もが楽しく知ることができ、学べるように物語化して、絵本と短編映画に編集する。

〔3〕まちの風土記でライブラリーをつくる

45：生活者が主役のミュージアム

物語化した「ふるさとの宝物」を本と短編映画に編集し、20巻以上のライブラリーにする。

本を手にして写真を目にすることで、そして映像を鑑賞ことで、いままではあたりまえでしかなかった生活風景が特別な宝物と感じることができる。

そしてそのまちで生活している人々の魅力に気づくことができる。そしてさらに、もっとふるさとを知ってみたくなる。

そこからふるさとを愛する一歩がはじまる。完成したライブラリーは、貸し出すことも、それを移動してワークショップに活用することもできる。

〔4〕宝物を楽習するミュージアム活動

46：みんなで未来をデザインする

「まちの風土記」は、いまその土地で暮らしている人や暮らしぶりをテーマに編集している。「まちの風土記」を活用することで、自分の暮らしを見直し、人と人を結び、まちコミュニケーションを豊かにすることができる。

那珂市、常総市では、「まちの風土記」を外に出し、駅や学校、病院など人が集う場で展示したり、「まちの風土記」を糸口に、暮らしの魅力に気づく読書会、まちの魅力を再発見するツアーを開催している。さらには「まちの風土記」を活用してまちのビジョンづくりをするなどの活用が行なわれている。

写真は（株）イトーキ SYNQA で実施したワークショップ

〔5〕瓜連を元気にするはじめの一歩

47：もっと瓜連を知るために

瓜連ということばは、小さな丘というアイヌ語からうまれた。合併した結果、生活はしやすいけれど特徴がないまちといわれ、まちへの愛着がなくなりつつある。

しかし、瓜連には白鳥が飛来する古徳沼がある。そこには、白鳥を呼べる沼にしたいという思いを持った家族が数十年の歳月をかけ白鳥を餌付けし夢を実現したドラマもある。まちの人々が手植えしてつくりだした桜の公園もある。

まちへの愛情が失われようとしている瓜連で、まだ誰も気づいていない宝物を探し出し、本やスライドショーを創作するプロジェクトを実施した。

〔6〕瓜連の未来がみえる

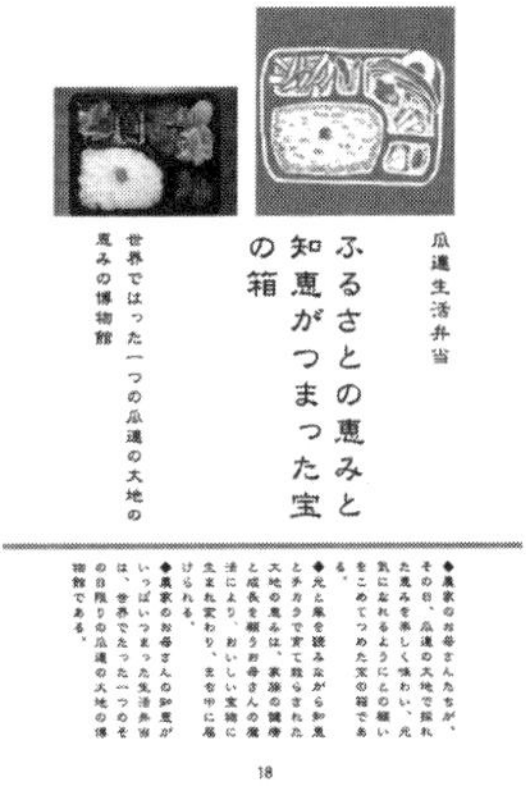

48：瓜連の未来がみえる

日本地域資源学会が養成したの地域キュレータ 60 名が瓜連のまちを歩き、「ふるさとの宝物」に素敵なタイトルをつけ、物語化し「瓜連まちの風土記」49 巻が完成した。

「妖怪の森の博物館」「生活弁当」「あいさつ博物館」などの宝物が完成した。「まちの風土記」を手にすることで、ふだんは見えなかった瓜連の魅力を再発見することができる。

そして、瓜連の人々の暮らしのチカラが発見できる。それらのメッセージを読み取ることで、夢を探すためのヒントをみつけることができる。

みんなのミュージアム11
ふるさとの大きな絵本をつくる
茨城県笠間市　笠間南小学校

　森羅万象に感動する子どもたちと一緒にいると、成長するとともに失ってしまった夢やあらゆる出あいに不思議を感じる大切さを思い出すことがある。子どもはあしたのミュージアムのプラントハンターである。

　感動を感じとることができる子どもたちのチカラをかりることができれば、「ふるさとの宝物」に新しいまなざしを注ぎ込むことができる。

　そのような問題意識をもって、子どもたちを地域資源学芸員に任命し、学芸員としての基礎的なスキルを学んだうえで「ふるさとの宝物」を探してもらい、大な絵本をつくる学びのプログラムを開発し、それを実施している。

　子ども版の「まちの風土記」では、子どもたちがそれぞれ持っている知恵やスキルを持ち寄って共同作業で、大きな絵本を製作する。成果をより多くの人に知ってもらうため、その発表会は、集客施設で実施する。

　発表会の運営は、保護者が全面的にしきり、子どもたちを支援する。子どもバージョンのまちの風土記には、誰をも魅了する不思議なチカラがあり、人を集め、人と人を結びつける。

ふるさとの大きな絵本をつくる

49：少年学芸員たちがつくったまちの風土記

笠間市立南小学校の学校の崖の下を流れる涸沼川は、汽水湖の涸沼で海の水がまじり太平洋に流れ着いている。

毎日見慣れている川の水は、子どもたちの飲み水になっている。米や酒や豆腐づくりにもかかせない。太平洋の荒れ狂う波を泳いでうなぎたちがのぼってくる。

１年間の総合的学習の時間を活用し、親子で、涸沼川の源流から川が海と出あうところまでたんけんし、そこで出あった不思議や感動を大きな仕掛け絵本に編集し、展示会を開催した。

みんなのミュージアム12
おいしい博物館
七夕と夏のかぼちゃ（茨城県行方市）

ふるさとには、光と風を読みながら愛情を注ぎ、とびきりおいしく、美しい「食材」をつくりだす大地のアーティストがいる。

彼らがつくりだした作品をみんなでおいしくいただく知恵を持った「我が家の学芸員」がいる。

「大地のアーティスト」と「我が家の学芸員」の共同作業は、その季節にその土地で、みんなが幸せになることができる「おいしい文化」を育み、「おいしい」をテーマに人と人を結びつける暮らしのカタチをうみだしてきた。

それに何より、「おいしい」は、あらゆる人々を結びつけるコミュニケーションテーマでもある。

「おいしい」をきっかけにすることで、「おいしい」にかかわる自然や文化、そして知恵をリンクし新たな学びに昇華できる可能性がある。それゆえ、「おいしい」というテーマは、日本全国の家庭、そしてコミュニティに、「知と学び」をふり注ぐことができる最高の学びのコンテンツになる。

このような問題意識を持って、たちあげたプロジェクトが、「おいしい博物館」である。

「おいしい」を学びに昇華するためには、グルメや料理イベントなどがそうであるように「食べる文化」に終わらてはいけない。

「おいしい」という視点で、暮らしの知恵やチカラ、その中でも特に日本文化の特質である季節のうつろいとのかかわりとリンクして物語をつむぎだす必要がある。

たとえば、「夏のかぼちゃ」をテーマにした取り組みでは、次のような視点で物語を編んでいる。

夏バテを解消する「かぼちゃ」の効能を加え、消費者においしいをお届けするために費やしている生産者の「夏のカボチャ」に費やしている。その情熱やこだわりにまなざしをあてる。

　それに加えて、夏の暑さを乗り切るため、自然の神々からチカラをいただくことを目的にふるさとで行われてきた行事であった「七夕」と縁結びしてみる。

　「おいしい」を糸口にして、あらゆる生活スタイルにリンクして自分たちが生きている世界観がひろがり、そこで感動が誕生していくように編集することで、誰もが楽しく学ぶことができるプログラムに物語化することができる。

　そのようにして編集した物語コンテンツは、聞いたり、体験したりするワークショップに変換でき、五感をとおして「おいしい」にふれ、「おいしい」を学ぶプログラムに進化させることができる。

　そのように進化成長した一連の学びのキットを駅ビル、ホール、ホテル、ミュージアムの展示場などに持ち込み、「おいしい学び」を展開しているところである。

　これまで開発したプログラムには、「七夕に食べる夏のカボチャ」「夢を結ぶれんこん」「焼き芋の学校」「魔法のピーナッツ」「大豆のチカラ」などがある。

〔1〕おいしい博物館のコンテンツ

50：大地のアーティスト

「冬至のカボチャ」といわれるようには、「カボチャ」はふるさとの冬の食材とみなされている。

しかし、「カボチャ」は西瓜と同じウリ科の植物で夏に獲れる野菜である。「冬のカボチャ」にするめには、夏に早採り保存して、追熟して甘みをつけなければならない。

保存や追熟をしないで、夏の光と大地のエネルギーがいっぱいつまったそれを旬のままおいしくいただくこうと考えた大地のアーティストたちがいる。

彼らは、一つひとつの「カボチャ」に、彼らの知恵と匠の技を注ぎ込むことで、蒸すだけでそのままおいしくいただける「夏のかぼちゃ」を創作することに成功した。

〔2〕おいしい博物館のミュージアム活動

51：七夕と夏のかぼちゃミュージアム

「笹の節句」といわれる「七夕」では、生命力があふれる笹や竹に願い事を記す祭事である。そうすることで、私たちの祖先は、暑い夏に福や幸を家庭に招きいれようとした。

大地のアーティストたちが届けるとっておきの夏の贈り物の一つに「夏のカボチャ」がある。

「七夕」と「夏のカボチャ」を縁結びして、「知る」「聞く」「食べる」「つくる」「読む」ミュージアム体験を組みあわせ、新しい夏の暮らしを楽しむふるさとの物語を提案したプログラムをミュージアムにデザインし、ショッピングセンターや集客施設で展開可能な展示キッドを制作し、それを提供している。

おわりに

■

あしたのミュージアム

■

おわりに

「みんなのミュージアム」は、新しい視点からミュージアムを再定義し、ミュージアムのまなざしで社会の未来をデザインするプロジェクトです。

そのような構想が誕生した経緯について述べておきます。ミュージアムのから社会をデザインするまなざしは、二〇〇〇年に刊行した『ミュージアム国富論』（日本地域社会研究所）の共著者であり、現在イギリスのウェールズ・ミュージアム連合のCEOとして活躍しているディビット・アンダーソンと彼の仲間たちである文化起業家たちから得た未来への情熱との出あいをとおして育まれた構想です。

本と図書館を核にして一人ひとりに知と学びを注ぎ込むことで社会を変えるアプローチは、ソウル特別市の冠岳区で「人にやさしい図書館」

のプロジェクトに取り組んでいる社会デザイナー 柳 鍾珌と彼の仲間たち、すなわち文化起業家たちとの出あいをとおして構想されたものです。

未来への情熱を持ち、輝きながら新しいミュージアム活動に挑戦している彼らの思いと行動力が、私たちに夢とミュージアム、そして未来をシンクロしたアプローチがあることを気づかせ、それを動かすプロジェクトに取り組むための勇気を与えてくれました。

私たちのアプローチに関心を持ち、もっとミュージアムを学んでみようという関心を抱いた読者は、日本地域社会研究所から刊行している著者が編集している『ミュージアム国富論』と現在翻訳をすすめている『ミュージアム集客経営戦略』を手にとっていただければ、幸いです。

イギリスや韓国の取り組みと比較してみると、いま日本社会で未来への夢がますます失われていること、そして、それがもはや危機的な状況にいたっていることがみえてきたと思います。

最後にもう一度その深刻さを概観してみましょう。

第一は自治体です。圧倒的多数のそれは、人口減少に歯止めをかけることができないまま、ふくれあがる医療費や福祉などの目の前の課題処理に追われています。毎年、毎年一律なコストカットを繰り返すだけであすへの投資ができないばかりか地域社会の拠り所となってきた学校まで廃校にしてしまう例が少なくありません。

そして、第二は大学です。教育は未来への投資です。大学にかかわるあらゆる教職員は、未来をみつめて学生に知と学びをふり注がなければならないはずです。

ところがどうでしょう。目の前のカネになるかもしれない短期的なビジネスや資格取得のための科目を志望者に就職と直結しているかのように錯覚させるための改組にあけくれる例が少なくありません。かつての大学にはあった学生の心をゆさぶる知の感動はすっかり失われてしまいました。

目先のカネになりそうな話題に振りまわされて、未来への志も、そしてそのための投資を放棄した自治体や大学からは、富が創出されることはないでしょう。

未来のため教育を担わなければならない自治体や大学の惨状を目のあたりにした時、誰もが既存の教育の世界に、このまま人への投資をまかせていてはもはや一歩も先に進むことはできないということを確信することができると思います。

夢を失い未来を忘れてしまった日本の社会を再生するために、いま私たちにできることは、一人ひとりの生活者に未来をつくるよろこびや楽しさに気づかせてあげることです。そして、みんなで未来をつくるその動きに参加させてあげることです。そのためには、何よりもはじめに生活の中に知と学びをふり注ぐこと、そのためには、自由な学びでそれぞれがかかわりあうミュージアムのアプローチこそが求められています。

本書で紹介してきたように「みんなのミュージアム」は、あすへのやる気と情熱があれば、誰もが、いつからでも、そしてどこからでもスタートすることができます。カフェ、社会施設、廃校になってしまった学校の校舎、空き店舗、公園、駅、ホテル、そして神社仏閣などに、夢と出あうことができる本とふるさとの宝物を配置し、自由に交流することができるカフェを加えれば、「知と学び」をふり注ぐミュージアムに生まれ変わらせることができます。

創設一〇周年を迎えることができた日本地域資源学会は、新規事業として、「みんなのミュージアム」を推進するプロジェクトを計画をしています。

具体的には、「みんなのミュージアム」をスタートし、それを動かすためのマネジメントを習得するお手伝いをしようと考えています。それに加えて、一般の生活者を「みんなのミュージアム」に誘うための情報発信とコミニケーションのお手伝いをしようとも考えています。すなわち、「みんなのミュージアム」の認定、質の保証とマネジメント研修によるライセンスの発行などを展開することにより、「みんなのミュージアム」を開設しやすい環境を整備する人材養成に取り組みたいと考えています。巻末に、現在構想しているプログラム案を掲載しておきます。私たちの構想に共感される方の参加を心待ちにしています。

最後に、この書籍が完成するまで、お世話になった人々に感謝を述べておきます。日本地域資源学会の創設当初から桜川市には、事業参加いただいています。桜川市の情報政策を企画推進していた久見木憲一氏の思いと情熱が結実し、地域資源学芸員を養成しながら、「ふるさとプロジェクト」を実施するためのプログラムとそれを学習することができる教材として電子学習システムをつくることができました。

それまでは試行的な実施にとどまっていた「まちの風土記」を継続的な事業にすることができたのは、那珂市長である海野　徹氏の情熱と思い、そしてリーダーシップのおかげです。

「みんなのミュージアム」という基本的な考え方とそれを事業として推進していく方法について、日本地域資源学会の前会長望月照彦氏をはじめ、渡邊健次郎氏、弓場哲雄氏、伊藤憲士氏には多大な支援とアドバイスをいただきました。本書の編集と校正に協力してもらった西野万里子氏にも重ねてお礼申しあげます。

本書を、コミュニティをテーマにした出版活動を続けてきた歴史と伝統のある日本地域社会研究所から出版することができることは大変光栄です。日本地域社会研究所の落合英秋代表取締役から得たアドバイスは、まさに目から鱗で、彼が持っている本への思いと未来へのまなざしにはあらためて驚かされるものがあったし、彼のアドバイスは、「みんなのミュージアム」の理論構築の支えになっています。

多くの人々の協力があって完成した本書が、未来のためにいかされることを心から祈念しています。

日本地域資源学会創立10周年記念新規事業　その2

ふるさと学芸員・司書養成セミナー
地域社会に知と学びをふり注ぐ夢のサポーターをめざす

1　趣旨

①ふるさとには、暮らしや学びを豊かにする未来への宝物（＝地域資源）がたくさん眠っています。みんなの知恵とチカラを持ちより、宝物を未来への学びにかえ、本を用いて夢を探すきっかけを与えるコミュニケーションの達人がふるさと学芸員・司書です。
②本やふるさとの宝物を活用した学びや新しいコミュニケーションの方法を身につけ、あなたのチカラを地域社会の未来づくりに活かすことができます。
③セミナーに参加することで、今までみえなかった新しい本の活用方法を学ぶことができます。ふるさとの魅力に出あうことができます。さらには、セミナーを通して習得したスキルや磨きあげた資質は、「みんなのミュージアム」をはじめ、博物館、図書館、観光などの分野にもいかすことができます。

2　学びとライセンスの認定

1）ライセンスの名称：ふるさと学芸員・司書ライセンス
2）ライセンスの内容：1回2時間のセミナー5回（合計10時間）に参加し、課題をクリアした受講者にライセンスを認定します。年1回の持続的にセミナーや交流会を開催し、スキルアップ目指します。

3　教育スタイル

日本地域資源学会が認定する講師がチームを組み、
受講者参加型のワークショップ形式で、事例研究を進めながら、基本スキルを習得するとともに、現場でいかすことができるチカラを育みます。

4）セミナー計画

第1講：ふるさと学芸員にと司書に期待する（理念とビジョン）
第2講：ふるさとの宝物の魅力とその活用方法
第3講：本を活用した学びをデザインする
第4講：感動を発信する新しいリテラシー（文字と図と音声の組みあわせ）
第5講：ミュージアムの成功事例に学ぶ
課題の提出と審査：本やふるさとの宝物の魅力を楽しく伝える

5　実施主体

①企画監修：日本地域資源学会
②運営：一般社団法人ザ・コミュニティ
③問い合わせ先：日本地域社会研究所

日本地域資源学会創立10周年記念新規事業　その1

みんなのミュージアムセミナー
小さなミュージアム・ブックカフェのつくり方

1　趣　旨

①地域社会に知と学びをふり注ぐ「小さなミュージアム」「ブック・カフェ」は、未来への熱い思いとがあれば、誰でも、いつからでもつくることができます。一人ひとりの生活者と深く、そして持続的にかかわることをめざすそれは、自分なりのスタイルで経営できます。

②「本」や「ふるさとの宝物」の選び方、展示の仕方、カフェ経営の方法、そして学びの輪のつくり方、資金や運営のノウハウにまで踏みこんで成功事例や失敗事例を参考に、基本スキルと実践を学ぶセミナーを開催します。

③セミナーに参加者には、日本地域資源学会が「みんなのミュージアム」のプロデューサーという資格を発行し、「みんなのミュージアム」として質の保証をします。

2　学びとライセンスの認定

1）ライセンスの名称：ミュージアムプロデューサーライセンス

2）ライセンスの内容：1回2時間のセミナー5回（合計10時間）に参加し、課題をクリアした受講者にライセンスを認定します。年1回の持続的にセミナーや交流会を開催し、スキルアップ目指します。

3　教育スタイル

みんなのミュージアムを立ち上げ、成果をあげている実務家と日本地域資源学会が認定する講師がチームを組み、受講者参加型のワークショップ形式で、事例研究を進めながら、基本スキルを習得するとともに、現場でいかすことができるチカラを育みます。

4　セミナーの計画

第1講：みんなのミュージアムのミッションと理念
第2講：本を活用した学びの輪をデザインする方法（本の達人になる）
第3講：ふるさとの宝物をデザインする（コレクションの達人になる）
第4講：おいしいカフェのマネジメント（カフェのつくり方）
第5講：感動サービスをデザインする（学びの輪をデザインする）
課題の提出と審査：みんなのミュージアムの経営計画を制作する

5　実施主体など

①企画監修：日本地域資源学会
②運営：一般社団法人ザ・コミュニティ
③問い合わせ先：日本地域社会研究所

資料編

■

みんなのミュージアムを理解する本のリスト

■

第Ⅰの扉　ミュージアム未来学

モスタファエル・アバディ(著)松本 慎二(訳)『古代アレクサンドリア図書館』(中公新書)
野町 啓『学術都市アレクサンドリア』(講談社学術文庫)
ジャスティン・ポラード 『アレクサンドリアの興亡』(主婦の友社)
伊東 俊太郎『近代科学の源流』(中公文庫)
澁澤 龍彦『私のプリニウス』(河出文庫)
松宮 秀治『ミュージアムの思想』(白水社)
出口 保夫『物語 大英博物館』(中公新書)
R.D. オールティック(著)、浜名 恵美(訳)『ロンドンの見世物 Ⅰ』(国書刊行会)
R.D. オールティック(著)、浜名 恵美(訳)『ロンドンの見世物 Ⅱ』(国書刊行会)
R.D. オールティック(著)、小池 繁(訳)『ロンドンの見世物 Ⅲ』(国書刊行会)
ピーター・バーク著、井山弘幸・城戸 淳(訳)『知識の社会史』(新曜社)
西村 三郎『文明のなかの博物学』(紀伊国屋書店)
中沢 新一『森のバロック』(講談社学術文庫)
鶴見 和子『南方熊楠 地球志向の比較学』(講談社学術文庫)

関　秀夫『博物館の誕生』（岩波新書）
土井康弘『本草学者平賀源内』（講談社選書メチエ）
椎名仙卓『日本博物館発達史』（雄山閣出版）
E.H.カー（著）清水幾太郎（訳）『歴史とは何か』（岩波岩波新書）
香山健一『未来学入門』（潮新書）
香山健一『歴史が転換する時』（PHP研究所）
デニス・ゲイバー（著）香山健一（訳）『未来を発明する』（竹内書店新社）
鶴見和子『南方熊楠 地球志向の比較学』（講談社学術文庫）
ミシェル・フーコー（著）中村雄二郎（訳）『知の考古学』（河出書房新社）
ヤマザキマリ、とり・みき『プリニウスⅠⅡⅢ』（新潮社）

第Ⅱの扉　ミュージアム国富論

吉見俊哉『博覧会の政治学』（中公新書）
W・ベンヤミン（著）今村仁司訳『パサージュ論全五巻』（岩波現代文庫）
A・トフラー、H・トフラー（著）山岡洋一（訳）『富の未来 上、下巻』（講談社）

デービッド・アトキンソン『新・観光立国論』（東洋経済新報社）
ジョン アーリ（著）加太 宏邦（訳）『観光のまなざし』（法政大学出版局）
塚原正彦『ミュージアム集客・経営戦略』（日本地域社会研究所）
塚原正彦『ミュージアム国富論』（日本地域社会研究所）
Charles Leadbeater , Kate Oakley
『The Independents, The: Britain's New Cultural Entrepreneurs（DEMOS）
Charles Leadbeater , Paul Miller
『The Pro-Am Revolution: How Enthusiasts are Changing Our Society and Economy 』
（DEMOS）

第Ⅲの扉　図書館未来学

ウンベルト・エーコ（著）河島英昭（訳）『薔薇の名前』（東京創元社）
メアリー・カラザース（著）別宮貞徳（訳）『記憶術と書物』（工作舎）
ゴットフリート・ロスト（著）石丸昭二（訳）『司書』（白水社）
マーシャル・マクルーハン（著）森常治（訳）『グーテンベルクの銀河系』（みすず書房）

小林 章夫『コーヒー・ハウス』（講談社学術文庫）
岩切 正介『男たちの仕事場』（法政大学出版局）
田中優子『江戸の想像力』（筑摩学芸文庫）

第Ⅳの扉　未来をデザインする

藤吉 雅春『福井モデル 未来は地方から始まる』（文藝春秋）
増田 寛也『地方消滅』（中公新書）
アンソニー・B・アトキンソン（著）山形 浩生、森本 正史（訳）
『21世紀の不平等』（東洋経済新報社）
デヴィッド スタックラー、サンジェイ バス（著）橘 明美、臼井 美子（訳）
『経済政策で人は死ぬか?:公衆衛生学から見た不況対策』（草思社）
望月 照彦『希望と幸せを創造する社会へ』（日本紀行）

日本地域資源学会（にほんちいきしげんがっかい）

2006年設立した開かれた学術研究集団。人々の暮らしや営みに軸足をおき、「幸せ」と「文化」を融合し、未来を創造するプロジェクトを展開している。
ジャパン・コンテンツの認定と評価地域資源学芸員を養成し、全国に派遣する地域学芸員養成講座。まちの宝物を収集し、記録する「ふるさとプロジェクト」に取り組み、「まちの風土記」の制作と出版。まちの宝物の魅力を楽習デザインし、ブランド化する「おいしい博物館」などのミュージアム活動に取り組んでいる。

〔事業実績〕
茨城県那珂市、行方市、桜川市、常総市、千葉県勝浦市、蔵出し焼き芋ぽてとかいつか、株式会社イトーキなど。

〔連絡先〕
〒104-0061　東京都中央区銀座5-15-1　南海東京ビルディング9階　（株）JTCI内
jcontents007@gmail.com

塚原 正彦（つかはら　まさひこ）

日本地域資源学会長、常磐大学教授
1962年生まれ。学習院大学経済学部卒業。

経営情報学修士（多摩大学大学院）。

専門は地域資源学、ミュージアム未来学、社会デザイン学。

学習院大学で香山健一のもとで未来学と社会デザインと出あう。田中芳男が創設した国立科学博物館に在職中、ミュージアム・マネジメントなど新事業の企画構想にたずさわり、新しいミュージアムプロジェクトを展開するプログラムを開発する。その過程で、ミュージアムと社会、そして未来を結ぶ新しい社会デザインを構想するための「ミュージアム未来学」のアプローチに気づく。そして、自ら構想したデザインを実現するため、日本で唯一の博物館学博物館を持つ常磐大学コミュニティ振興学部の創設に参画し、現在に至る。

学習院女子大学、清泉女子大学、茨城大学で未来志向のミュージアムや観光などの講座を持ち、日本地域資源学会を拠点に、全国各地で、ジャパン・コンテンツ（＝地球上のあらゆる人々に未来のヒントを与え、学びを豊かにしてくれる日本の宝物）を発見し、地域固有の資源を活用した未来構想や文化・産業の創造、人づくりをテーマにした社会デザインとその実践プロジェクトに取り組んでいる。

〔主な著書〕
『ふるさと遺産』日本地域社会研究所
『ミュージアム集客・経営戦略』日本地域社会研究所
『ミュージアム国富論』日本地域社会研究所
『地域文化資本の時代』地域経営研究所
『学校は自殺する』教育開発研究所など

みんなのミュージアム～人《ひと》が集《あつ》まる博物館《はくぶつかん》・図書館《としょかん》をつくろう～

2016年4月21日　第1刷発行
2016年8月31日　第2刷発行

著　者　塚原正彦《つかはらまさひこ》
発行者　落合英秋
発行所　株式会社 日本地域社会研究所
〒167-0043　東京都杉並区上荻1-25-1
TEL　(03)5397-1231(代表)
FAX　(03)5397-1237
メールアドレス　tps@n-chiken.com
ホームページ　http://www.n-chiken.com
郵便振替口座　00150-1-41143
印刷所　モリモト印刷株式会社

ISBN978-4-89022-182-0